BRAIN ON!

잠자는 당신의 뇌를 깨워라!
브레인 온! 초급·중급

펴낸날　초판 1쇄 발행 2024년 10월 25일

지은이　브레이니 퍼즐 랩
펴낸이　최훈일

펴낸곳　시간과공간사
출판등록　제2015-000085호(2009년 11월 27일)
주소　(10594) 경기도 고양시 덕양구 통일로 140 삼송테크노밸리 A동 351호
전화　(02) 325-8144
팩스　(02) 325-8143
이메일　pyongdan@daum.net

ISBN 979-11-90818-29-2 (14690)
　　　979-11-90818-28-5(세트)

스프링북

두뇌 건강에 좋은 퍼즐,
한 번에 10가지, 네 맘대로 즐겨라!

BRAIN ON!

브레인 온! 잠자는 당신의 뇌를 깨워라!

초급
중급

브레이니 퍼즐 랩 지음

시간과공간사

차례

퍼즐 문제 푸는 방법!

이 책에는 독자들이 재미있게 풀며 즐길 수 있는 퍼즐 10가지가 있습니다. 각 퍼즐을 좀 더 신나게 즐기는 데 도움이 될 문제 풀이 방법을 소개합니다. 규칙에 맞춰 퍼즐을 풀다 보면 어느새 두뇌가 깨어나는 기분 좋은 경험을 하실 수 있을 겁니다!

1. 스도쿠

빈칸에 1~9까지 숫자를 채워 넣어 완성하는 논리 퍼즐입니다. 스도쿠의 기본 규칙은 다음과 같습니다.

1. 가로 행에 있는 9개의 칸에 1~9가 모두 하나씩 들어가야 합니다.
2. 세로 열에도 1~9가 모두 중복 없이 한 번씩 들어가야 합니다.
3. 작은 사각형(3×3)에도 1~9가 빠짐없이 한 번씩 들어가야 합니다.

위의 규칙을 바탕으로 빈칸에 들어갈 숫자를 유추해서 풀어 보세요.

예시 문제

빈칸 A, B, C 에 들어갈 숫자는 각각 무엇일까요?

3	8	A	1	2	4	6	7	9
B	2	1		8		3		5
4	C	9					2	
1	3	6			7	8		2
8	4	2					3	
9		7	2				1	
2	6	4				9		
5		3		6		7		
7		8			5		6	3

2. 로직아트

퍼즐 좌측과 상단에 있는 숫자만큼 칸을 색칠하며 그림을 완성하는 논리 퍼즐입니다. 퍼즐을 푸는 규칙은 다음과 같습니다.

1. 좌측과 상단의 숫자만큼 연속된 칸을 칠해야 합니다.
2. 숫자와 숫자 사이에는 한 칸 이상을 비워야 합니다.
3. 숫자의 순서와 칠해진 칸의 순서가 일치해야 합니다.

예시

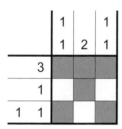

좀 더 자세한 문제 풀이 방법은 아래 QR 코드를 열어 확인해 보세요!

3. 가람

사칙연산에 맞춰 빈칸을 채우는 수학 퍼즐입니다. 이미 채워진 수를 바탕으로 행과 열의 연산이 온전하게 성립하도록 빈칸에 숫자를 하나씩 넣습니다. 세로 연산에서 등호(=) 뒤에 빈칸이 2개 오면 연산 결과도 두 자릿수인데, 이때 앞자리는 0으로 시작하면 안 됩니다. 다양한 경우의 수를 여백에 적어 놓고 오답을 하나씩 지워 나가며 문제를 풀어 보세요.

4. 미로찾기

들어가는 화살표에서 시작해 나가는 화살표까지 가면 되는 게임입니다. 전체 그림을 보면 엄청 복잡한 듯해도 막힌 길은 되돌아 나오고 열린 길만 따라가다 보면 어느덧 나가는 곳에 이르게 됩니다.

5. 컬러링

밑그림에 원하는 색깔을 입혀 나만의 그림을 만들어 보세요. 색연필이든 크레파스든 좋아하는 도구로 알록달록 화려하게 칠해도 좋고 보기만 해도 차분해지는 색깔로 칠해도 좋습니다. 컬러링에는 정해진 답이 없습니다.

6. 점잇기

1에서부터 숫자가 점점 커지는 순서대로 점을 연결하세요. 이 점들이 다 연결되면 무엇이 될지 상상하며 따라가다 보면 마치 내 손으로 창조한 듯한 무언가가 눈앞에 나타납니다. (점을 잇다가 ★표시가 나오면 점 잇기를 멈추고 다음 숫자를 찾아 다시 시작하세요.)

7. 다른그림찾기

얼핏 똑같아 보이지만 서로 다른 부분이 있는 그림이 두 점 있습니다. 쓱 보면 알아차리지 못하지만 자세히 보면 다른 점이 보입니다. 모양이 다른 것, 색깔이 다른 것, 이 그림에는 있는데 저 그림에는 없는 것 등 세세한 것까지 잘 살펴서 두 그림을 비교해 보고 서로 다른 부분 15곳을 찾아보세요.

8. 숨은그림찾기

보기에 있는 10개의 물건을 큰 그림에서 찾아보세요. 그림을 정면에서 보았는데 눈에 안 띄면 거꾸로도 보고 옆에서도 보고 요리조리 보세요. 숨어 있던 그림들이 하나둘 눈에 들어오는 신기한 경험을 하게 됩니다.

9. 가로세로 낱말퍼즐(한글/영어)

뜻풀이를 읽고 빈칸에 들어갈 단어를 채워 넣어 보세요. 뜻만 보고 유추하기 어려운 단어는 비슷한 말, 반대말, 참조, 예문을 보면 좀 더 쉽게 떠올릴 수 있습니다.

10. 숨은낱말찾기(한글/영어)

일정한 규칙 없이 나열된 글자들 속에서 보기의 단어를 찾아보세요. 가로(→), 세로(↓), 대각선(↗, ↘) 방향으로 나열되어 있는 각각의 단어를 찾아서 한 묶음으로 표시해 보세요.

		1	3	8		2		9
	4		7					6
5					2			
	6	7						4
3	1						9	5
4						6	1	
			4					1
7					9		6	
1		6		2	8	3		

스도쿠

 ....

				3				
	6			7		4	8	1
4				6	8			7
		2	7	5				
8		9				1		3
				9	1	2		
7			6	8				5
1	2	5		4			3	
				1				

03 스도쿠

			2			7	8	9
5				8			2	
			1	3	7			
4			9					7
	1		8		5		3	
8					3			4
			3	7	4			
	3			9				1
9	7	8			2			

7	6		1				5	
2			6	7				
	9	1	4					7
		5						3
4	8						7	1
9						2		
5					7	9	6	
				3	1			5
	7				6		1	2

	5		1				7	8
					9		1	2
		1	4		5		6	
		3	6				2	
6				9				5
	1				2	6		
	4		8		7	9		
3	7		9					
1	6				4		5	

스도쿠

 ....  ....

1			6	5	7			9
	2	6				3	4	
		3	9	1	5	8		
4								1
		8	4	7	2	9		
	4	2				1	7	
9			1	2	3			8

		5	6		9			2
6								
	2		5			3		
2		3		5				1
5	8	4	1		6	7	2	9
9				7		5		8
		6			2		8	
								7
7			8		1	6		

스도쿠

3				7				2
	7	8	1		9	3	4	
	1						7	
		3	2		4	8		
				5				
		1	7		6	5		
	3						8	
	8	2	4		7	1	6	
1				6				3

3	8		1			6		
		1		8		3		5
		9					2	
	3				7	8		2
	4						3	
9		7	2				1	
	6					9		
5		3		6		7		
		8			5		6	3

5			3		6			9
		6		8		2		
		9				4		
	5		6	7	2		8	
		7		5		6		
	9		4	3	8		2	
		4				8		
		5		6		3		
9			1		4			6

						1	5	4 2 2	3 1 1 2	4 2 2	7 2	7 2	7 2	5 3	1 4					
					3	5	5	7	7	4	3	2	2	2	2	4	7	7	6	5	3
					6																
					8																
					8																
				5	9																
4	1	1	4	4																	
	5	2	5	5																	
		6	6	6																	
			7	7																	
				18																	
				14																	

로직아트

행 단서	6	2 2	2 2 2	2 2 2	3 3	1 6 1	1 1 1 1	1 1 1 1	1 1 1 1	1 1 1 1	1 1 1 1	1 1 1 1	1 1 1 1	2 1 1 2	4 4	2 4 2	2 2 2	2 2 2	4	2
14																				
4 4																				
2 2 1 2																				
1 11 2																				
1 2 1 1 2																				
1 2 1 1 2																				
1 11 2																				
2 2 1 2																				
4 4																				
14																				

로직아트

			3	1	3	2	3	2	1	2	3	1	2	2	1	1	1
				1													
				1				1									
				1		1	1	1	3			2	2	1	1	1	
			3	1	3	2	3	2	1	2	3	1	2	2	1	1	1
		1															
		0															
	1	4															
		2															
5	2	4															
3	3	2															
	1	9															
	2	2															
		2															
		2															

가로 힌트 (행)

행	힌트
1	2
2	3
3	3
4	3
5	3 3
6	2 5
7	3 5
8	8
9	3 3 4
10	17
11	6 11
12	3 13
13	9 4
14	8 3 2 1
15	6 7 2
16	13 2
17	4 6 2
18	5 3 4
19	3 10

세로 힌트 (열)

열	힌트
1	3
2	5
3	6 2
4	2 5 2
5	8 3 3
6	5 4 6
7	5 4 7
8	3 3 8 1
9	3 7 2
10	3 7 2
11	3 5 1 2
12	2 5 3 1
13	4 4 1
14	4 4 1
15	4 6
16	4 5
17	10
18	6 1
19	2 1
20	4
21	2

05 로직아트

						C1	C2	C3	C4	C5	C6	C7	C8	C9	C10	C11	C12	C13	C14	C15	C16	C17	C18	C19
														1		1								
										1			1	2		2	1			1				
								3	3	2	1	1	3	1	3	1	3	1	1	2	3	3		
								1	1	1	3	5	5	3	1	3	5	5	3	1	1	1		
						3	6	2	3	2	3	2	2	2	3	2	2	2	3	2	3	2	6	3
					13																			
			2	1	2																			
			3	3	3																			
2	2	2	2	2	2																			
		2	3	3	2																			
					19																			
		2	1	1	2																			
		1	1	1	1																			
		2	2	2	2																			
		2	1	1	2																			
		1	1	1	1																			
		2	1	1	2																			
		2	2	2	2																			
		1	1	1	1																			
		2	1	1	2																			
			2	1	2																			
					5																			
					3																			

06 로직아트

📅 ⋯⋯⋯⋯⋯⋯⋯⋯⋯⋯⋯⋯⋯⋯⋯⋯　⏱ ⋯⋯⋯⋯⋯⋯⋯⋯⋯⋯⋯⋯⋯⋯⋯

					5	2,2	1,1,1,1,1	1,1,1	1,1,12	2,1,5	4,5	1,7	1,4,5	4,5	5,5	4,12	2	3	3
				1															
				3															
			1	1															
			1	2															
		5	2	1															
	2	2	1	1															
1	1	1	1	1															
	1	1	1	2															
		1	1	8															
	2	1	1	1															
		4	2	1															
		1	1	1															
		1	1	1															
		1	2	1															
		1	1	1															
				8															
				8															
				8															
				8															
				8															

로직아트

세로(열) 힌트

1	2	3	4	5	6	7	8	9	10	11	12	13	14	15
	2	3						2		2	3	1		
	2	3	12	1		2	3	1	3	1	2	1		
4	2	3	2	8	10	5	5	7	4	5	2	1	1	
1	1	1	1	1	1	1	1	1	4	1	1	4	1	1

가로(행) 힌트

		4
	2	4
4	4	2
2	3	2
	3	2
		3
		3
		3
		4
		7
		11
		11
2	1	6
1	2	4
1 1	1	2
4	2	2
1 1	1	1
	1	1
	1	1
9	2	2

08 로직아트

📅 .... ⏱ ....

Puzzle grid (nonogram). Row clues (left) and column clues (top); grid is empty.

Row clues (top to bottom):
- 6
- 2 2
- 2 2 1
- 1 4 1
- 7 2 1
- 3 2 1 1
- 2 3 1 1 1
- 1 6 4 1
- 3 3 1 3 2 2 1
- 5 2 2 3 2 1
- 1 1 1 2 6 2 1
- 2 4 3 1 1 1 1
- 3 2 3 1 3
- 2 3 1 3
- 1 2 3 2
- 1 1 1 3 2
- 1 2 1 2
- 1 1 3
- 2 3
- 1 6

Column clues (left to right, top to bottom):
- 3 2
- 2 2 1
- 3 1 3
- 2 2
- 2 3
- 1 1
- 1 2
- 2 2
- 2 2
- 2 3
- 4 2 3
- 2 5 2
- 1 1 1 1 3 1
- 2 1 2 1 2 3 1
- 3 2 1 3 1 1
- 1 3 1 2 1 1
- 1 3 3 2 1 1
- 2 3 2 1 1
- 2 1 1 2
- 2 1 3 2
- 1 1 2 2
- 2 1 3 2 1
- 1 2 3 2
- 1 3 4 2
- 1 13
- 2 3
- 13

	3 3	2 2 3	2 2 3	2 2 3	2 1 2 3	1 3 3	4 15 1	2 1 3	3 1 1 8 1	5 1 1	6 2 2	7 1 8	14	9 3	9 3	10 3	8 7	6 1 4 1	5 1 2 1	8 1 9	6 1 2 3	4 8	3 4 1	3 1	10
4 1																									
2 3 2																									
2 1 2 2																									
2 1 4 2																									
2 2 2																									
1 1 4 3																									
2 2 13																									
6 1 10 1																									
2 1 10 1																									
1 9 2																									
1 1 7 1 1																									
1 9 1 2																									
1 1 5 1																									
2 9 2																									
2 4 3 1																									
3 1 2 3 1																									
1 1 2 2 1 1 1																									
7 1 7 4 1																									
7 1 7 4 1																									
7 1 7 4 1																									
1 1 1 1 1 2 1																									
2 1 1 4 1 1																									
1 2 1 4																									
3 2																									
4																									

10 로직아트

									1		1	1				1	1	1							

세로 힌트 (위에서부터):

				1	1	1	1			1	1		1	1	1	1				1					
			1	1	1	1	1	1	1	1	1	1	1	1	1	1	1								
		3	1	1	1			1	1	1	1		1	1	1	3	1	1		1					
	3	1	1	2	10	1	11	1	1	1	1	8	1	1	1	1	15	7	18	9					
3	1	1	1	2	2	1	1	1	1	1	1	1	1	1	1	1	1	1	2	2					
3	1	1	1	2	2	5	1	1	5	1	1	5	1	1	5	5	1	5	2	2	6				
1	1	3	13	2	1	1	1	1	4	1	1	1	1	1	4	1	1	1	1	2	13	4	2		

가로 힌트:

가로 힌트
19
1 2
21
1 4
23
1 6
25
1 8
22
1 1 1 1
1 1 1 1
4 12 1
1 1 1 1 1 1
3 1 1 1 1 1
1 12 1
2 1 1 1 2
3 1 1 1 3
1 3 1 3 1
1 12 1
1 1 1 1
2 1 1 2
3 1 1 3
1 16 1
1 1 1 1 1
2 1 1 1 2
4 1 4
1 16 1
1 1 1 1
2 1 1 2
18

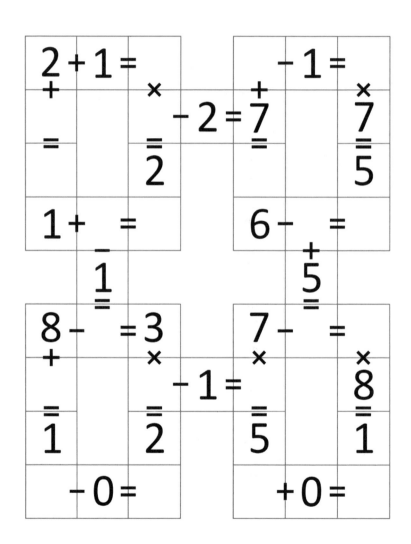

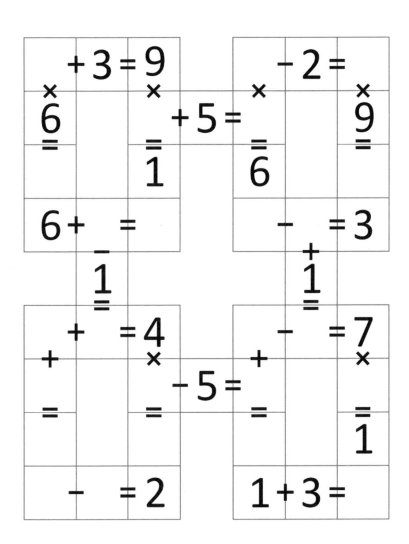

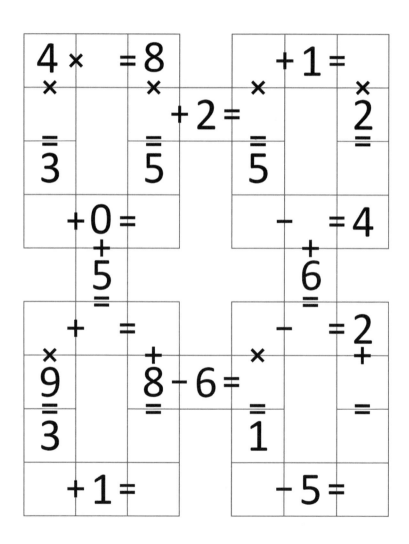

32

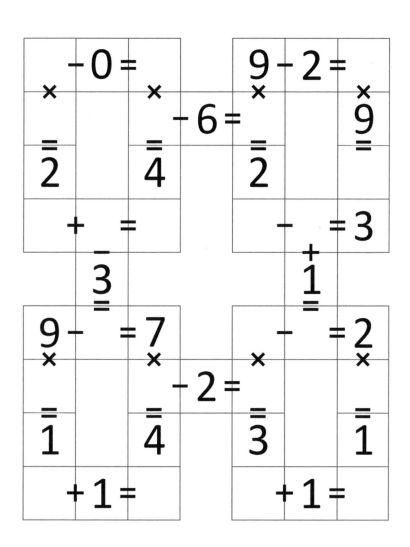

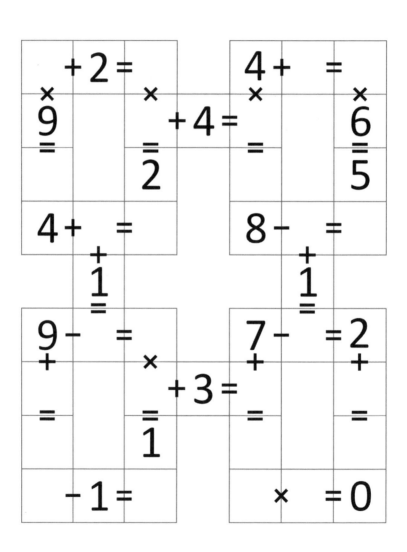

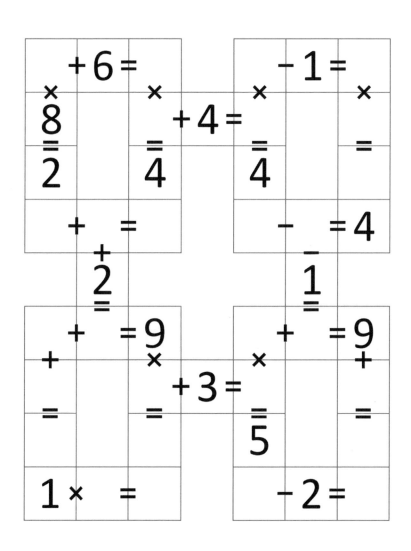

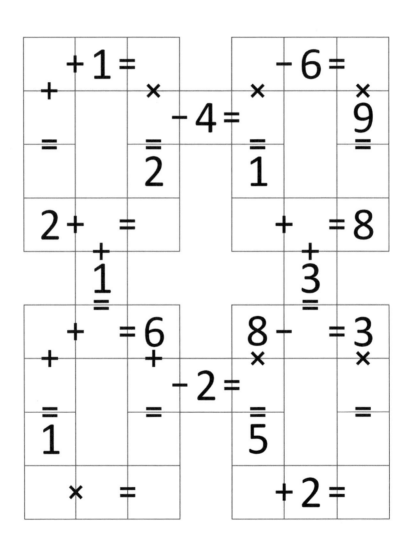

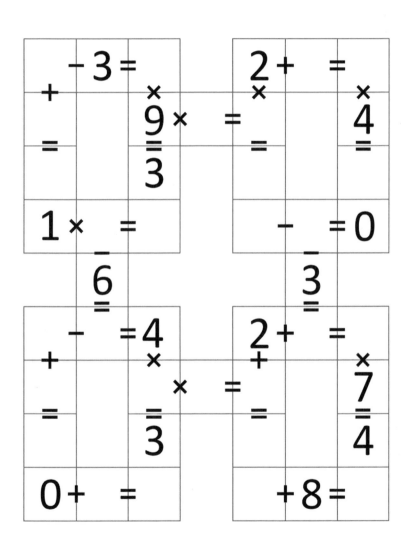

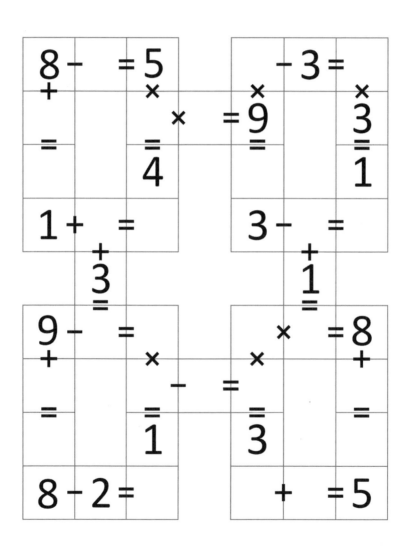

10 가람

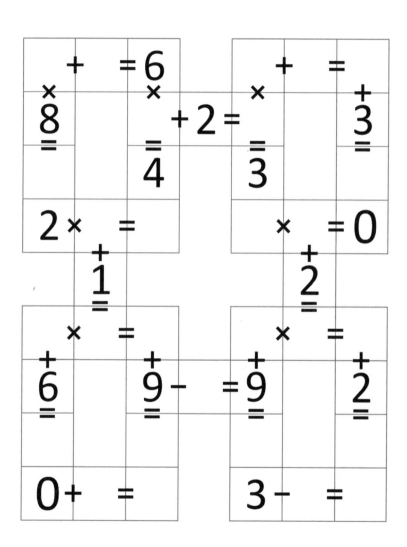

미로찾기

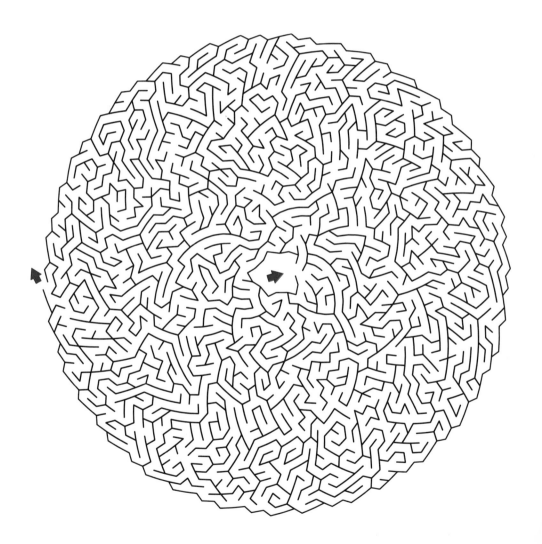

미로찾기

03 미로찾기

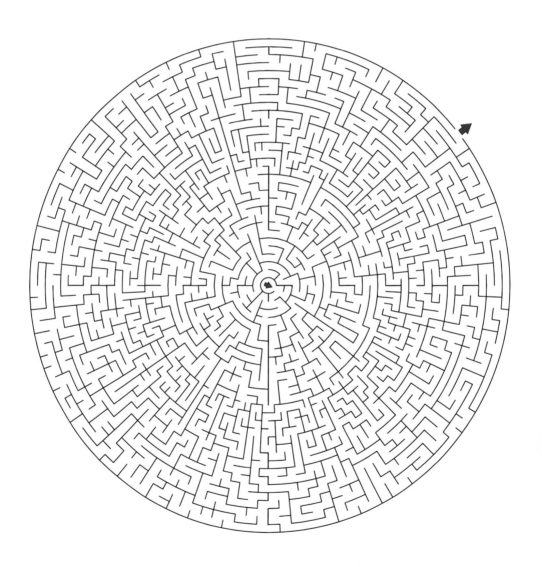

미로찾기

미로찾기

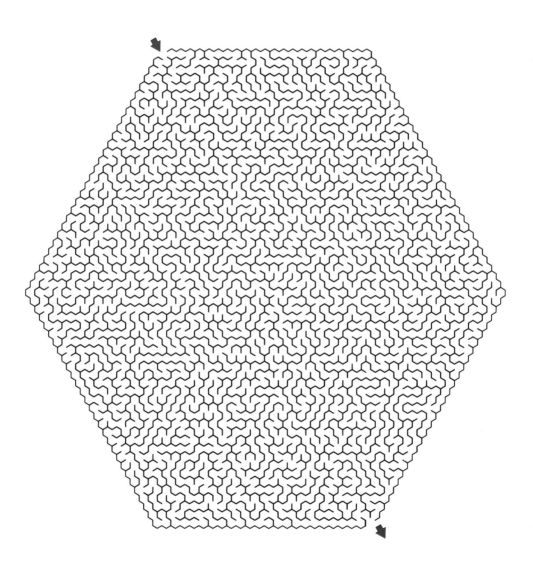

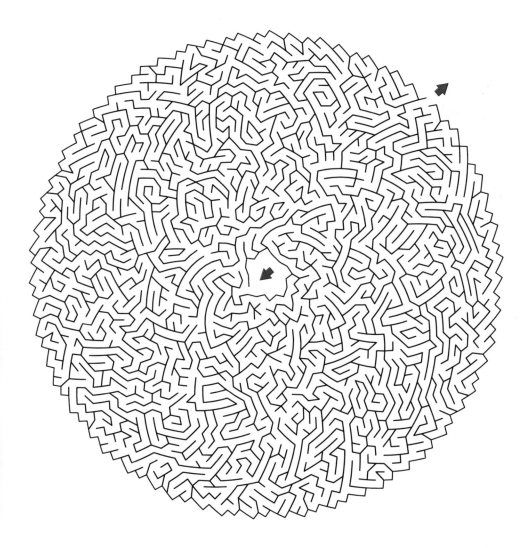

미로찾기

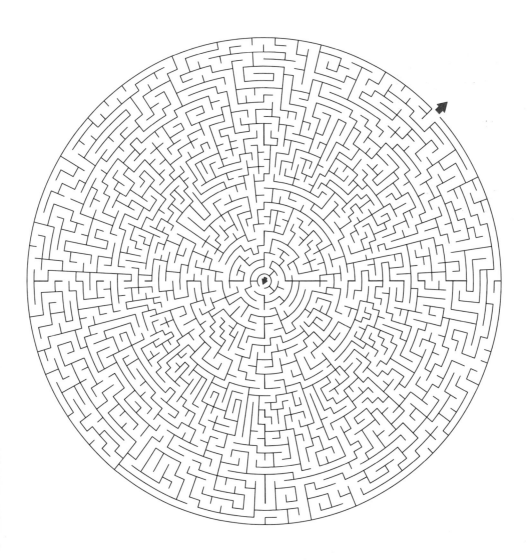

09 미로찾기

48

미로찾기

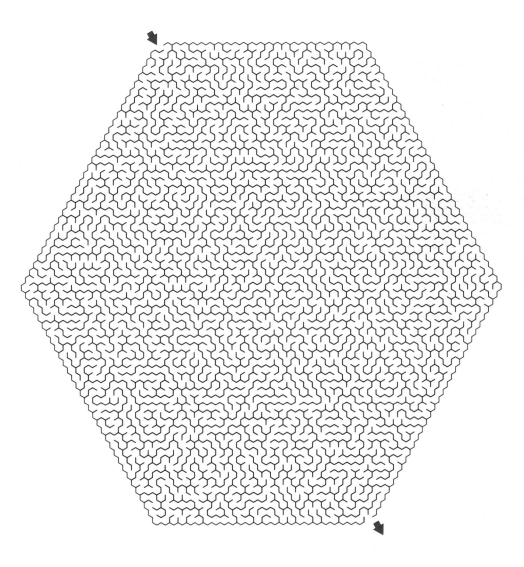

컬러링

밑그림에 원하는 색깔을 입혀 나만의 그림을 만들어 보세요.

컬러링

밑그림에 원하는 색깔을 입혀 나만의 그림을 만들어 보세요.

밑그림에 원하는 색깔을 입혀 나만의 그림을 만들어 보세요.

컬러링

밑그림에 원하는 색깔을 입혀 나만의 그림을 만들어 보세요.

 . . . .

컬러링

밑그림에 원하는 색깔을 입혀 나만의 그림을 만들어 보세요.

 ....

컬러링

밑그림에 원하는 색깔을 입혀 나만의 그림을 만들어 보세요.

컬러링

밑그림에 원하는 색깔을 입혀 나만의 그림을 만들어 보세요.

밑그림에 원하는 색깔을 입혀 나만의 그림을 만들어 보세요.

컬러링

밑그림에 원하는 색깔을 입혀 나만의 그림을 만들어 보세요.

컬러링

밑그림에 원하는 색깔을 입혀 나만의 그림을 만들어 보세요.

점잇기

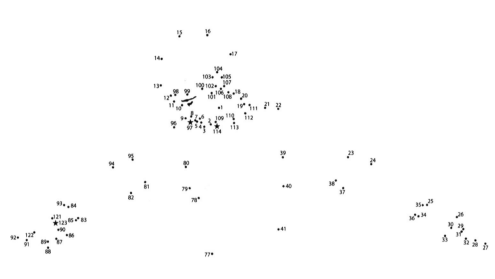

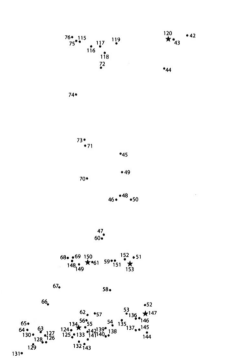

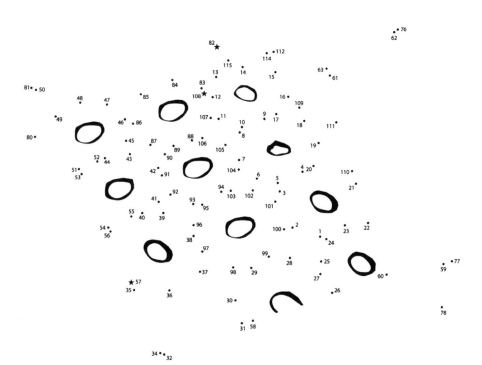

점잇기

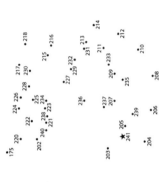

점잇기

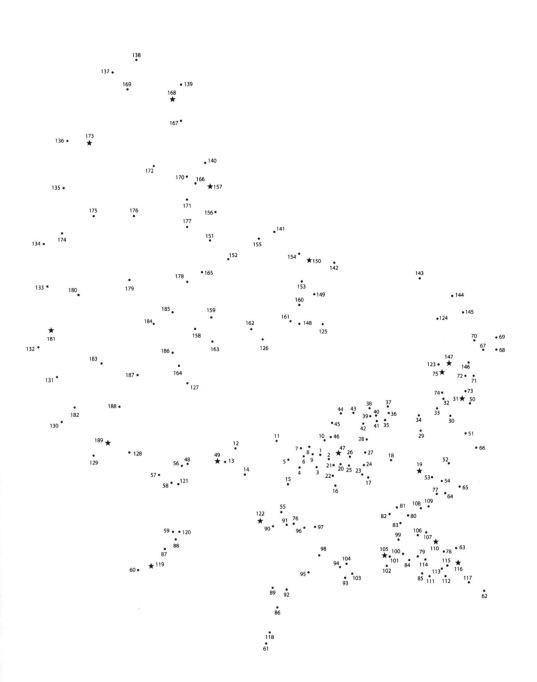

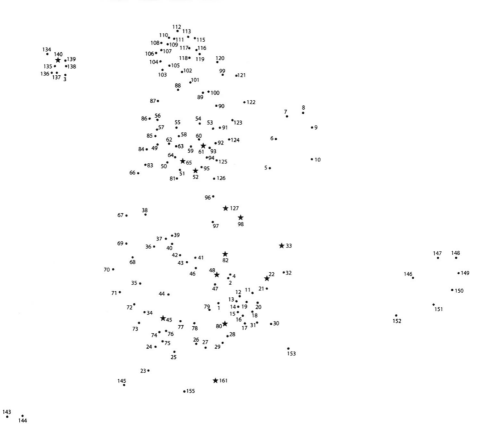

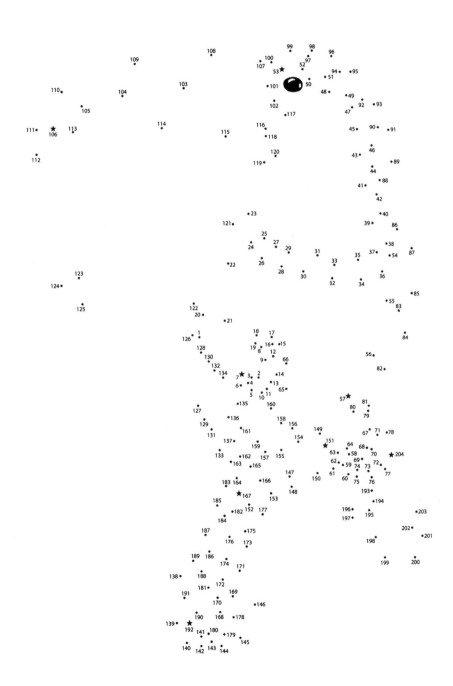

점잇기

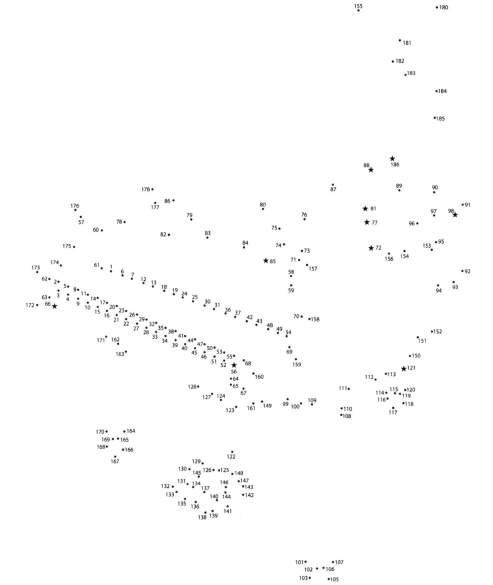

점잇기

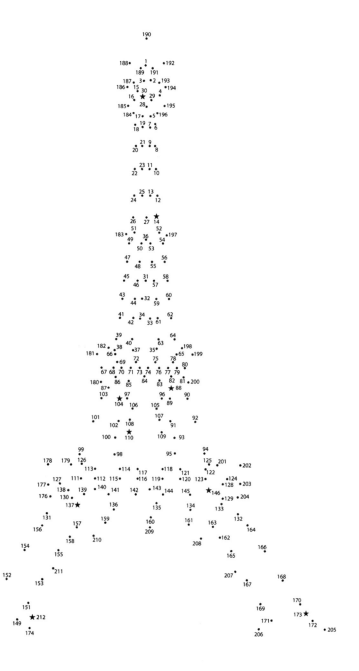

점잇기

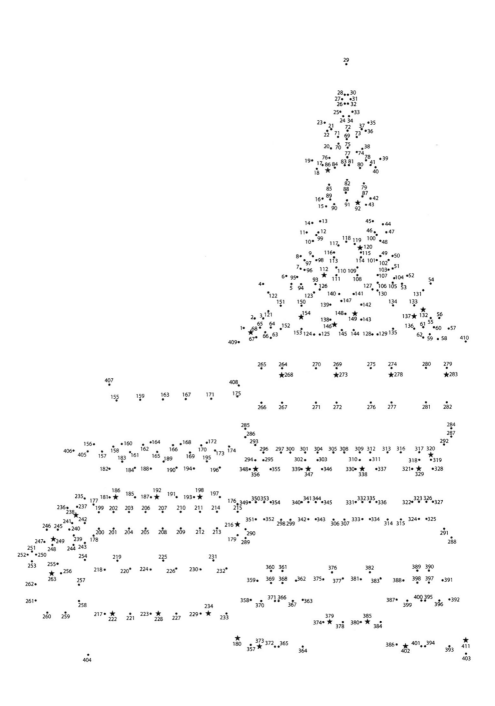

점잇기

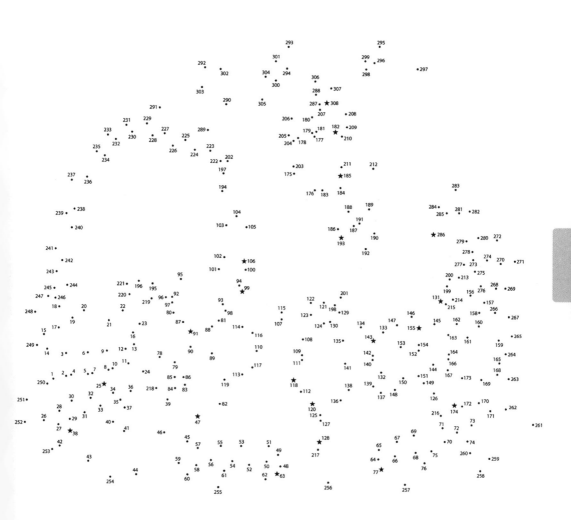

다른그림찾기

서로 다른 부분 15곳을 찾아보세요.

다른그림찾기

서로 다른 부분 15곳을 찾아보세요.

다른그림찾기

서로 다른 부분 15곳을 찾아보세요.

다른그림찾기

서로 다른 부분 15곳을 찾아보세요.

다른그림찾기

서로 다른 부분 15곳을 찾아보세요.

다른그림찾기

서로 다른 부분 15곳을 찾아보세요.

다른그림찾기

서로 다른 부분 15곳을 찾아보세요.

다른그림찾기

서로 다른 부분 15곳을 찾아보세요.

다른그림찾기

서로 다른 부분 15곳을 찾아보세요.

10 다른그림찾기

서로 다른 부분 15곳을 찾아보세요.

숨은그림찾기

보기 보기에 있는 10개의 물건을 위 그림에서 찾아보세요!

숨은그림찾기

숨은그림찾기

보기 보기에 있는 10개의 물건을 위 그림에서 찾아보세요!

숨은그림찾기

보기 보기에 있는 10개의 물건을 위 그림에서 찾아보세요!

숨은그림찾기

보기 보기에 있는 10개의 물건을 위 그림에서 찾아보세요!

숨은그림찾기

보기 보기에 있는 10개의 물건을 위 그림에서 찾아보세요!

숨은그림찾기

보기 | 보기에 있는 10개의 물건을 위 그림에서 찾아보세요!

숨은그림찾기

보기 보기에 있는 10개의 물건을 위 그림에서 찾아보세요!

숨은그림찾기

보기 보기에 있는 10개의 물건을 위 그림에서 찾아보세요!

01 가로세로 낱말퍼즐(한국어)

🔑 가로 열쇠

① 일이나 사건을 풀어 나갈 수 있는 첫머리.
예 해결의 ○○○가 보인다.

③ 법률 전문가가 아닌 일반 국민 가운데서 재판에 참여하고 사실 인정을 판단하는 사람. 예 ○○○이 함께 의논해 평결했다.

⑤ 무엇이 언뜻언뜻 빨리 지나감을 비유적으로 이르는 말.
예 그와의 추억이 ○○○처럼 스쳐 갔다.

⑦ (주로 무협지에서) 함께 죽을 생각으로 상대에게 덤벼듦.

⑨ 실제보다 지나치게 과장하여 믿음이 없는 말이나 행동. 예 그 사람은 ○○이 너무 세.

⑪ 특별한 일이 없는 보통 때. 비 평시

⑫ 두 사람이 다투는 사이에 엉뚱한 사람이 이익을 보게 됨을 이르는 말.

⑬ 눈동자가 파란 눈. 예 ○○의 선교사

⑭ 프랑스어로 만남, 회의. 인공위성이나 우주선이 우주 공간에서 만나는 일을 뜻하기도 함.

⑯ 고집을 부려 구태여.
예 ○○ 피할 이유도 없다.

⑰ 먼저 태어난 아이와 다음에 태어난 아이의 나이 차이.
예 나는 동생과 두 살 ○○이다.
율이와 솔이는 일곱 살 ○○이다.

⑳ 앉아서 미끄러져 내려오도록 비스듬하게 만든 어린이 놀이기구.

㉑ 어떤 사람이나 사물이 지니는 독특한 느낌. 예 ○○○ 있는 목소리

🔑 세로 열쇠

② 남의 말을 귀담아듣지 않고 지나쳐 흘려버림을 이르는 말.

③ 더 물러설 수 없음을 비유해서 이르는 말.
예 ○○○을 치다.

④ 원의 둘레를 지름으로 나눈 값. 약 3.14이며 기호로는 π로 적는다.

⑥ 소홀하게 보아 넘김.
예 건강을 ○○○하지 말자.

⑧ 적극적인 의지 없이 되는대로 행동하는 모양. 예 ○○○○하다가 나이만 먹었다.

⑨ 터무니없이 거짓되고 실속이 없음.
예 ○○○○한 이야기

⑩ 사람이나 화물을 아래위로 나르는 장치.

⑪ 세상이 몰라볼 정도로 변함을 비유하는 고사성어. 예 고향이 ○○○○가 되었구나.

⑮ 피부에 균이 들어가서 생기는 염증.
예 몸에 ○○○이 났다.

⑱ 답답하고 분함.
예 ○○을 터뜨리다.

⑲ 지난 일을 돌이켜 생각해 냄. 비 회고

🔑 가로 열쇠

① 매우 많아 넉넉함. **예** 물질적 ○○를 누리다.

④ 굵고 탐스럽게 내리는 눈.

⑥ 말을 타고 달리며 산천을 구경한다는 뜻으로, 자세히 살피지 않고 대충대충 보고 지나감을 이르는 말.

⑧ 일정한 기준이나 원칙 없이 하고 싶은 대로 함. **비** 자의 **예** 중요한 일인데 네 ○○로 하면 안 되지.

⑨ 아름다움을 살펴 찾는 안목. **예** 미술을 해서 그런지 ○○○이 뛰어나다.

⑪ 나라를 위해 자신의 몸과 마음을 다 바치는 사람. **예** 이곳에는 ○○○○들이 묻혀 있다.

⑬ 남의 돈이나 물건을 빌린 것을 증명하는 문서. **예** ○○○도 없이 돈을 빌려주다니.

⑭ 편지나 물품 등을 부치어 보냄. **비** 발송, 우송

⑮ 생각하는 것을 털어놓고 말함. **예** 그는 통일에 대한 자신의 견해를 ○○하였다.

⑯ 무릎이 구부러지는 뒤쪽의 오목한 부분. **예** ○○이 저리다.

⑰ 위험을 무릅쓰고 어떠한 일을 함. 또는 그 일. **예** 100퍼센트 안전한 ○○은 ○○이 아니다.

⑱ 텔레비전으로 방송하는 일.

⑳ 사람이나 물체가 차지하고 있는 공간. **예** 저곳이 내가 다닌 학교가 있던 ○○야.

㉒ 다른 사람에게 도움을 받거나 폐를 끼치는 일. **예** 어른이 되면 이 ○○를 꼭 갚을 거예요.

㉔ 위에서 명령하면 아래에서는 복종한다는 뜻으로, 상하 관계가 분명함을 이르는 말.

㉕ 문장 부호 ':'의 이름. **비** 쌍점

🔑 세로 열쇠

② 각별한 주의가 필요함. **예** ○○○ 인물

③ 거친 땅이나 버려 둔 땅을 일구어 논밭이나 쓸모 있는 땅으로 만듦. **예** 간석지 ○○

⑤ 한두 번 보고 곧 그대로 해내는 재주. **예** 동생은 ○○○가 있어서 무슨 일이든 금방 배운다.

⑦ 원유를 생산하는 나라.

⑧ 맡은 일. 또는 맡겨진 일. **예** 오빠는 군인으로서 ○○를 충실히 했다.

⑨ 자세하게 조사해 등급이나 당락을 결정함. **예** 그녀는 ○○위원 만장일치로 대상을 받았다.

⑩ '국가 정보원'의 이전 명칭. '국가 안전 기획부'의 줄임말.

⑪ 사랑과 미움을 아울러 이르는 말.

⑫ 오랫동안 버티며 견디는 힘. **예** 마라톤을 하려면 ○○○이 강해야 해.

⑬ 남에게 빌려 쓴 돈. **예** 이것으로 ○○○을 다 갚았다.

⑭ 묵은해를 보내고 새해를 맞음. **비** 신년맞이

⑮ 시험이나 실험의 대상이 되는 사람. **반** 실험자

①	②		③			④			⑤	
	⑥			⑦						
⑧							⑨			⑩
			⑪			⑫				
	⑬								⑭	
				⑮						
⑯			⑰				⑱			
		⑲		⑳	㉑			㉒		㉓
㉔					㉕					

⑯ 얼굴을 잔뜩 찌푸린 모양.

　　예 왜 아침부터 ○○○이지?

⑲ 주로 우편물의 겉봉에서, 상대편을 높여 이름 다음에 붙여 쓰는 말. 참 귀중

㉑ 어떤 상품에 결함이 있을 때 생산 기업에서 그 상품을 수리 또는 교환해 주는 제도.

　　참 결함 보상

㉓ 깨끗이 씻음.

03 가로세로 낱말퍼즐(한국어)

〇ㅠ 가로 열쇠

② 새가 날개를 움직이지 않고 낢. **예** 독수리가 〇〇으로 미끄러지듯 내려온다.

③ 현재 당면한 국내 및 국제 정세나 대세. **예** 전쟁으로 〇〇이 불안하다.

④ 금으로 된 가지와 옥으로 된 잎이란 뜻으로 아주 귀한 자식을 이르는 말.
예 〇〇〇〇으로 키우다.

⑥ 위도가 높은 지방에서 밤에 어두워지지 않는 현상. **참** 극야

⑧ 어떤 조직이나 단체, 기관의 가장 중요한 지위에 있는 사람들. **참** 지도부

⑩ 검사가 법원에 형사 사건의 재판을 청구하는 것. **예** 〇〇를 제기하다.

⑪ 사람이나 사물을 꼭 짚어서 가리키는 것.
예 그는 가장 기대할 만한 인물로 〇〇되었다.

⑫ 마음이나 생활 태도를 바로잡아 본디의 옳은 생활로 되돌아가거나 발전된 생활로 나아감. **예** 〇〇의 길

⑬ 적이었던 사람이 공격하려는 뜻을 버리고 순순히 상대의 편이 되는 것. **예** 〇〇 용사

⑭ 의지할 곳 없는 외로운 홀몸. **예** 〇〇〇으로 외국에 가서 공부하는 것이 쉽지 않았지만 그는 끝내 학위를 받았다.

⑰ 바다와 맞닿은 부분의 육지. **비** 해변, 연해

⑱ 꽃이 화사하게 피는 좋은 때라는 뜻으로, 이십 세 전후의 한창 젊은 나이를 비유해서 이르는 말. **예** 〇〇 십팔 세

⑲ 어떤 일을 서로 양보하여 협의함.
예 상호 이해만 있다면 아무리 어려운 것일지라도 〇〇이 가능하다.

⑳ 말하는 태도나 모양새. **비** 말투, 어투

㉒ 어떤 것이 전부터 전해 내려오는 것 또는 그 전해져 온 역사. **예** 〇〇를 찾기 어렵다.

㉓ 높은 사람에게서 받는 특별한 은혜와 사랑. **비** 총애, 은혜, 성은

㉔ 바르거나 주사하는 것이 아니라 먹어서 병을 치료하도록 만든 약. **참** 먹는 약

㉕ 어려움에 빠진 나라를 구하려고 목숨까지 바친 사람. **예** 유관순 〇〇, 이준 〇〇

㉖ 음식을 담는 그릇. **참** 밥그릇, 음식그릇

〇 세로 열쇠

① 비스듬하게 그은 줄. **예** 〇〇을 긋다.

② 잎이 넓은 나무를 통틀어 이르는 말. 떡갈나무, 뽕나무, 상수리나무, 오동나무 등이 있다. **반** 침엽수

③ 눈으로 볼 수 있는 범위.
예 큰 나무가 〇〇를 가리고 있다.

⑤ 더할 나위 없이 높고 순수함.
예 둘의 사랑은 〇〇〇〇 그 자체였다.

⑥ 아버지의 맏형을 이르는 말.

⑦ 직접 제 몸으로. **예** 〇〇 실천하다.

⑨ 뇌의 동맥이 터져서 뇌 속에 혈액이 넘쳐 흐르는 상태.

⑩ 서로 도우며 함께 삶. **예** 〇〇 관계

⑫ 계약이나 서류의 유효 기간이 만료되었을 때, 그 기간을 연장함. **예** 비자 〇〇

⑬ 거울로 삼아 본받을 만한 모범. **예** 한국의 경

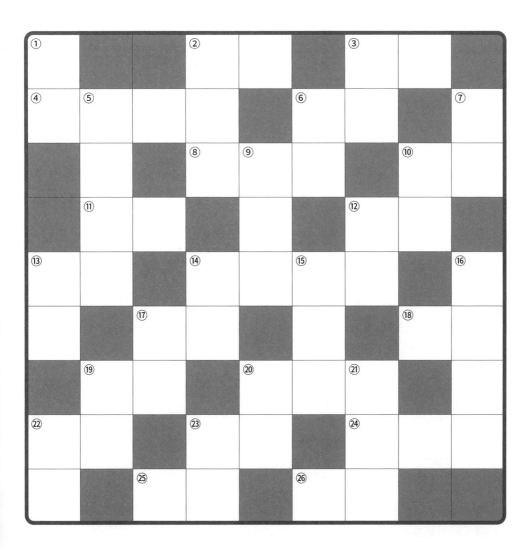

제 성장은 개발 도상국들의 ○○이 되고 있다.

⑭ 기를 쓰고 달려들어 독이 오른 눈.

　⑩ 돈 버는 데 ○○이 되어 있다.

⑮ 지속적으로 발행되는 잡지와 달리 한 번 발행으로 출판이 완료된 책.　⑩ ○○○ 출간

⑯ 남녀가 부부가 되어 평생 같이 지내기로 굳게 다짐하는 아름다운 언약.

　⑩ ○○○○을 맺다.

⑰ 두 육지 사이에 끼어 있는 좁고 긴 바다.

⑲ 실이나 끈을 빙빙 둘러서 감아 놓은 뭉치.

⑳ 말의 갈기나 꼬리의 털.　⑩ ○○으로 짠 망건

㉑ 대학이나 직장에 새로 갓 들어간 사람.

㉒ 손꼽을 만큼 두드러지거나 훌륭함.

　⑩ 국내 ○○의 대학

㉓ '가르침을 주신 고마운 선생님'을 높여 이르는 말.

04 가로세로 낱말퍼즐(한국어)

⚷ 가로 열쇠

① 몹시 마음을 쓰며 애를 태움.

③ 아주 이른 새벽.
   예 네가 ○○○○부터 웬일이야.

⑦ 수돗물을 나오게 하거나 막는 장치.
   비 수도꼭지

⑨ 솜을 얇게 두어 지은 이불.
   예 날이 풀려서 ○○○○을 꺼냈다.

⑩ 돈이나 물품을 내어 주거나 받아들임.
   예 ○○ 창구

⑫ 인간이 생각할 수 있는 최선의 상태를 갖춘 완전한 사회.   비 이상향

⑬ 본래의 의도나 생각.   비 본심

⑮ 한 발 물러나 일이 되어 가는 형편을 바라봄.   예 사태를 ○○하다.

⑰ 고향을 몹시 그리워하는 마음. 또는 지난 시절에 대한 그리움.   비 향수

⑲ 사물의 모양이나 일의 형편이 서로 같음.

⑳ 분해되지 않고 몸속에 쌓여 있는 지방.

⚷ 세로 열쇠

① 기회를 노리고 쓰는 꾀나 방법.
   예 뭔가 ○○○가 있는 게 분명해.

② 눈썹에 불이 붙었다는 뜻으로, 매우 급함을 이르는 말.   예 ○○의 관심사

④ 집에만 있고 바깥출입을 하지 않음.

⑤ 미련하고 고집이 센 사람을 비유해서 이르는 말.   예 ○○○ 같은 사람이야.

⑥ 많은 책을 널리 읽거나 여기저기 찾아다니며 경험함을 이르는 말.
   예 조선 팔도를 ○○하다.

⑧ 앞으로 잘될 희망이 있음.
   예 ○○○○한 직업을 찾아야 한다.

⑨ 이날 저 날 하고 자꾸 기한을 미루는 모양.   예 일을 하기 싫으니 ○○○○ 미루

기만 한다.

⑪ 새로 발간한 출판물을 본보기로 해당 기관에 제출함.   참 출판 신고

⑭ 사람이나 사물의 모양이나 움직임을 흉내낸 말.   예 아장아장, 번쩍번쩍

⑮ 특별히 마음에 두고 있는 일. 또는 그 대상.   예 요즘 네 ○○○는 뭐니?

⑯ 약간 오른쪽으로 기울어진 모양의 서양 글자체. 주의해야 할 어구나 외국어, 학명 등을 나타내는 데 쓴다.

⑰ 손쉽게 많은 이익을 얻을 수 있는 일감을 비유해서 이르는 말.   비 일확천금

⑱ 여러 가지 자료를 모아 체계적으로 정리해 책을 만듦.   예 교과서 ○○ 작업

⚷ 가로 열쇠

② 학식이나 재능이 뛰어남을 비유해서 이르는 말. **예** ○○을 드러내다.

④ 동양에서 가장 오래된 천문 기상 관측대.

⑥ 부닥친 장애나 어려움을 해결하는 실마리. **예** 사태 해결의 ○○○를 마련하였다.

⑦ 지역 주민들이 도난이나 화재와 같은 재난에 대비하고 스스로를 지키려고 조직한 민간단체.

⑧ 원래의 것에 덧붙여서 추가한 것. **예** 귀빈들을 위해 ○○의 객실을 마련해 놓았습니다.

⑨ 능력이나 품성을 기르고 닦음. **예** 정서 ○○

⑩ 석가모니가 태어난 날.

⑫ 흥겹게 놂. **비** 오락, 놀이, 유희

⑬ 여러 번 반복하거나 끊임없이 계속하여. **예** 아이가 장난감을 사 달라고 ○○ 졸랐다.

⑮ 뜻밖의 급한 일이 생겼을 때. **예** ○○○에 대비해 훈련하다.

⑰ 어쩌다가 한 번씩. **비** 가끔

⑲ 마음속에서 떨쳐 버리려 해도 떠나지 않는 억눌린 생각. **예** 반드시 이겨야 한다는 ○○○○으로 너 스스로를 동여매지 마라.

㉑ 능력이나 책임이 더 미치지 못하는 막다른 지점.

㉒ 일 년 중 낮이 가장 짧고 밤이 가장 긴 날.

㉓ 능력이 부족하면서도 남에게 지기 싫어하는 마음. **예** ○○만으로 되는 게 아니다.

㉔ 기초가 되는 바탕. **예** ○○을 단단히 다져야 해.

㉕ 뜻을 정하여 굳게 마음을 먹음. **비** 결심 **예** 뜻이 맞는 이들과 ○○를 다졌다.

⚷ 세로 열쇠

① 한 사건이 잇따라 많은 사건으로 번지는 것을 이르는 말. **예** ○○○○로 퍼져 수습하기 어렵다.

③ 제각기 살아 나갈 방법을 꾀함. **반** 공존동생

④ 시대 사조, 학문, 유행 등의 맨 앞장. **예** 기술 집약적인 ○○ 산업을 육성하다.

⑤ 유럽, 아프리카 대륙과 아메리카 대륙을 분리하는 대양.

⑨ 심부름을 가서 오지 않거나 늦게 온 사람을 비유해서 이르는 말.

⑩ 아주 작은 집을 이르는 말. **예** ○○○○이라도 내 집이 최고다.

⑪ 생계를 꾸려 나갈 수 있는 수단인 직업.

⑭ 그 자리에서 바로. **예** 오랜만에 만났지만 ○○에 알아보았다.

⑮ 잊거나 소홀히 하지 않도록 마음속에 깊이 간직하여 생각함. **비** 기억

⑯ 도시에서 큰 길거리를 이루는 지역. **예** 남산에서 서울 ○○○가 한눈에 보인다.

⑱ 몹시 심한 추위가 있는 시기. **예** ○○○ 훈련

⑲ 남의 물건, 영토, 권리 등을 강제로 차지한 시기. **예** 일제 ○○○

⑳ 남의 잘못을 너그럽게 받아들이거나 용서함.

㉒ 의사나 의견을 같이함. **반** 이의

06 가로세로 낱말퍼즐(영어)

Oᴛ 가로 열쇠

③ 주소, 호칭, 연설

⑦ 섬, 섬으로 만들다

⑧ 알, 달걀, 난자

⑨ 방해하다, (제자리에 있는 것을) 건드리다

⑩ 목화, 솜

⑬ 소풍, (소풍) 도시락

⑰ 건전지

⑱ 일어서다, ~을 세우다, 참다

⑲ 선물, 재능

⑳ ~을 채우다, 충족하다

㉑ 질투, 부러움, 선망, 부러워하다

㉓ 쇠고기, 불평, 불평하다

㉖ 지역, 구역, 면적

㉗ 접착제, (접착제로) 붙이다

㉘ 기본적인, 근본적인, 기초적인

㉙ 손님, 고객

♀ 세로 열쇠

① 빛, 밝은, 가벼운, 불을 켜다

② 새장, 우리, 우리에 가두다

③ 추가하다, 더하다, 합하다

④ 접시, (접시에 담은) 요리

⑤ 지하철, 지하도

⑥ 영웅, (소설, 영화 등의) 남자 주인공

⑩ 단과 대학

⑪ 자전거, 자전거를 타다

⑫ 역사, (개인의) 경력, 이력

⑭ 전투, 투쟁, 싸우다

⑮ ~을 믿다

⑯ 소개하다, (신제품을) 발표하다

㉒ 낮잠, 잠깐 눈을 붙이다, 졸다

㉔ 동쪽, 동쪽에 있는

㉕ 사실, 실제, 실상

가로세로 낱말퍼즐(영어)

○┬ 가로 열쇠

① (특정 기간의) ~동안, ~중에

③ 두 번, 두 배로

⑤ 늦은, 늦게, 최근의

⑥ 기린

⑧ 마술, 마법

⑨ 오늘밤에, 오늘밤

⑪ (계급·직급상) 최고위자 예 C.E.O. _____
executive officer (최고 경영자)

⑰ 식당, 음식점

⑱ 포도, 포도색

⑳ 안전한, 금고

㉑ 한계, 한도, 제한하다, 한정하다

㉔ 축축한, 젖은

㉖ 꿀벌, 부지런한 사람

㉗ 허락하다, 용납하다, 가능하게 하다

㉘ (둥글게 말아 놓은) 통, 두루마리, 구르다,
굴리다

㉙ 유령, 귀신

♀ 세로 열쇠

① 결정하다, 결심하다

② 거인, 거대한

④ 헝겊, 천, 옷감

⑦ 손가락, 손가락을 대다

⑧ (양이) 많은, 많음

⑩ 시도하다, 노력하다

⑫ 발상, 생각, 사상

⑬ 숲, 산림

⑭ 몸짓, 손짓, 몸짓으로 나타내다

⑮ ~와 결혼하다

⑯ 칼, 부엌칼, 칼로 자르다

⑲ 무지개

⑳ 튼튼한, 강한, 힘센

㉒ 이상적인, 가장 알맞은, 완벽한

㉓ 습관, 버릇

㉔ 입다, 입고 있다, 낡아지다

㉕ 꼬리, 끝, 말단

가로세로 낱말퍼즐(영어)

⊶ 가로 열쇠

② 나뭇가지, 지사, 분점

⑤ 초대하다, 초청하다

⑦ 통찰력, 이해, 간파

⑧ 주머니, 주머니 모양의

⑨ 기억하다, 명심하다

⑬ 성, 큰 저택, 성을 쌓다

⑭ 갈증, 목마름, 갈망

⑰ 천장, ~의 최대 한계

⑳ 달아나다, 도망치다, 탈출하다

㉓ 염소

㉔ 작별 인사, 안녕히 가세요, 안녕히 계세요

㉕ 선물, 현재의, 참석한

㉖ 야구, 야구공

㉗ (중요한) 주제, 논점, 쟁점, 사안

⍍ 세로 열쇠

① 행복한, 기쁜

③ 모험, 모험심, ~을 감행하다

④ 명예, 영예, 영광

⑤ 관용구, 숙어

⑥ ~에 들어가다, 입학하다

⑩ 서사시, 서사시적인, 대단한 일

⑪ 단풍나무

⑫ (돈을) 벌다, (그럴 만한 자격이 되어) ~을 얻다

⑮ 항구, 항만, 피난처

⑯ 맛, 미각, 시식, 취향

⑱ 제국, 거대 기업

⑲ 잊다, 생각이 안 나다

㉑ 일부, 부분, (기계의) 부품

㉒ ~위에, 위쪽에

㉓ 추측하다, 짐작하다

09 가로세로 낱말퍼즐(영어)

⚬┯ 가로 열쇠

① 고속도로 비 expressway, freeway

③ (치수, 길이, 양 등을) 측정하다, 재다
  예 tape ☐ (줄자)

⑦ (사실일 것으로) 추정하다, 가정하다

⑨ 자전거, 순환 예 life ☐ (생활 주기)

⑪ 눈, 시력, 바늘귀

⑬ (애정을 담아) 쓰다듬다, 토닥거리다

⑮ 악덕, 부도덕, 악 반 virtue

⑱ 잠재적인, 잠재력 비 possible 예 ☐
  customers(잠재 고객들)

⑳ 부딪치다, 충돌, 쿵, 쾅
  예 speed ☐ (과속 방지턱)

㉒ ~로 인한, ~하기로 되어 있는(예정된)
  예 ☐ date (만기일)

㉓ (상자나 냄비의) 뚜껑
  예 eye ☐ (눈꺼풀)

㉔ (숨겨져 있던 것을) 드러내다, 폭로하다
  비 disclose

㉕ 조금, 약간 비 a little ☐

㉖ 절벽, 벼랑, 낭떠러지

㉘ 벌거벗은 예 ☐ foot(맨발)

㉙ 기타 등등, et cetera의 줄임말 비 and so on

㉚ 역학, 역동적인
  예 우리가 누구?☐Duo!

⚥ 세로 열쇠

① 오두막 예 세계적으로 유명한 피자 체인
  점 Pizza ☐

② 잘, 좋게, 제대로 예 The kids all behaved
  ☐(아이들이 모두 예의 바르게 행동했다.)

④ 인정하다, 자백하다 비 recognize, confess

⑤ 전체의, 완전한 비 whole

⑥ 증상, 징후, 조짐
  비 indication 예 flu ☐ (독감 증상)

⑧ 수줍음을 많이 타는, 겁이 많은

⑩ 올라가다, 기어오르다
  예 ☐ a mountain(산을 오르다)

⑫ 들판, 밭, 분야 예 strawberry ☐ (딸기 밭)

⑭ 치명적인, 죽음을 초래하는 비 mortal
  예 a ☐ mistake(치명적인 실수)

⑯ 인기 있는, 대중적인
  예 ☐ song(대중가요)

⑰ 반사하다, 반영하다
  비 absorb 예 ☐ well(좋게 비치다)

⑲ 수직의, 세로의
  반 horizontal 예 ☐ jump(수직 점프)

㉑ ~인 척하다

㉗ 거리가 먼, 멀리, 훨씬

㉘ (내기 등에) 돈을 걸다, 내기, 건 돈 비 gamble

㉙ 시대 예 modern ☐ (현대)

116

가로세로 낱말퍼즐(영어)

⚷ 가로 열쇠

① 중앙, 가운데, 중간의

  예 ☐ school(중학교), ☐ age(중세)

⑥ 바라다, 기원하다, 바람, 소망 예 birthday

  ☐ (생일 소원), ☐ list(소원 목록)

⑧ (예술 작품의) 장르

⑨ 요리법 예 ☐ book(요리책)

⑪ 끼워 넣다, 삽입하다 예 ☐ a coin into

  the slot.(투입구에 동전을 넣으세요.)

⑬ 부인하다, 거부하다 비 refuse 반 accept

⑭ 고모, 이모, 숙모

⑮ 비판하다, 비난하다 반 praise

⑱ 교과서

⑲ (수나 양이) 같은, 평등한, ~와 같다

  예 2 plus 5 ☐s 7.(2 더하기 5는 7이다.)

⑳ 종교 예 freedom of ☐ (종교의 자유)

㉓ 빌리다, (어휘, 사상 등을) 차용하다

  반 lend

㉕ 특징, ~을 특징으로 삼다 참 피처링

㉖ (종교 축일·명절 등의) 전날, 전날 밤

  예 Christmas ☐ (성탄 전날)

㉗ (지구의) 대기, 분위기

  예 ☐ science(대기과학)

⚷ 세로 열쇠

① 훌륭함, 가치 있는 요소, 장점

② 서류, 문서, 문헌, 문서로 증명하다

  참 다큐멘터리

③ 입술 예 ☐ balm(입술용 크림)

④ 약간의, 수가 적은, 몇몇 참 a little

  예 a ☐ minutes later(몇 분 후에)

⑤ 원고, 초안, 밑그림, (스포츠) 프로 신인 선

  수 선발

⑦ 꿀, 벌꿀 예 ☐ bee(꿀벌)

⑩ 얼다, 얼리다, 꼼짝 않다 예 ☐!(꼼짝 마!)

⑫ 전략, 계획, 방법

  예 military ☐ (군사 전략)

⑭ 이용할 수 있는, 시간(여유)이 있는

  예 Are you ☐ this afternoon?(오늘 오

  후에 시간 있니?)

⑯ 코카콜라를 짧게 줄여서 부르는 말

⑰ 배달하다, 강연을 하다, (아기를) 출산하다

⑱ 이론, 학설 예 game ☐ (게임 이론)

㉑ (탈것 등)에서 내려서 예 get ☐ a train

  (열차에서 내리다), turn ☐ (끄다)

㉒ 맹세, 서약, 선서 비 vow 예 Hippocratic

  ☐ (히포크라테스 선서)

㉔ 기지, 재치, 지혜

  예 have a quick ☐ (눈치가 빠르다)

메	무	궁	백	일	촛	장	데	애	바	코	로	수	호	현	정	골	드	해
송	리	금	잔	동	불	극	히	절	죽	스	리	만	수	송	무	수	꼭	바
화	두	골	선	은	민	화	모	체	영	모	라	기	국	선	라	조	금	라
모	파	금	드	송	화	수	스	숭	홍	스	데	이	철	조	화	모	스	모
스	살	전	주	백	천	진	달	래	보	기	사	미	뚝	배	개	선	도	단
채	송	화	데	이	개	나	무	복	해	바	라	기	송	화	데	나	라	영
절	꾹	코	팬	금	화	진	하	리	백	일	촉	나	쟁	이	금	잔	리	나
쭉	리	모	치	잔	초	만	부	라	엘	바	라	기	마	소	미	자	도	자
서	하	화	고	수	장	달	금	코	모	고	미	세	라	장	고	로	두	철
열	리	백	복	화	개	나	잔	디	채	신	스	가	금	마	주	똥	호	션
모	란	나	리	콕	초	래	화	거	무	궁	화	데	잔	어	백	일	이	히
데	해	동	란	무	개	모	스	동	바	블	베	이	무	화	천	네	백	아
이	바	얼	원	메	나	영	조	백	꼭	거	난	팬	잔	미	카	송	일	선
월	라	모	레	리	팬	주	송	도	주	데	이	지	주	자	전	화	수	화
지	똑	스	무	지	주	꽃	화	백	일	유	주	김	곡	영	산	홍	낭	주
백	포	양	구	골	얼	보	부	도	애	자	히	개	나	꽁	수	금	코	모
천	일	수	복	란	나	다	골	네	션	자	양	아	무	궁	포	파	송	동
팬	치	홍	코	모	주	쭉	꽃	송	화	운	어	대	신	여	네	위	국	일
철	뚝	타	주	영	철	궁	백	성	금	영	블	박	북	스	소	시	화	송

보기

꽃	복수초	수선화	히아신스	메리골드
해바라기	코스모스	데이지	채송화	카네이션
장미	동백	팬지	철쭉	모란
백일홍	금잔화	얼레지	개나리	영산홍
국화	무궁화	금낭화	진달래	자운영

숨은낱말찾기

키	워	주	위	망	숭	몽	코	나	사	가	자	파	바	나	코	넛	사	몽
오	박	키	수	빅	아	코	나	주	키	워	루	박	파	자	루	딸	박	두
렌	코	코	참	회	블	바	망	박	실	구	파	무	화	야	과	복	숭	리
지	코	넛	파	몽	루	석	전	넛	애	나	파	복	본	천	힐	참	망	안
파	천	도	주	인	베	가	도	복	숭	바	나	가	일	도	석	회	키	워
일	사	과	체	비	애	일	오	렌	살	나	자	사	박	파	인	바	나	석
애	딸	주	자	바	나	플	사	두	리	구	두	고	복	블	류	포	두	류
포	수	박	루	실	구	석	박	자	루	오	도	복	분	루	올	키	자	망
두	박	딸	복	본	자	일	포	두	외	렌	수	복	숭	아	리	몽	브	과
복	숭	가	일	올	리	몽	하	호	체	리	수	벅	래	오	고	리	무	힐
몽	망	석	무	화	바	나	파	인	애	파	블	루	코	코	올	자	화	딸
포	코	코	오	파	살	블	두	리	모	파	오	파	파	복	본	복	주	코
도	살	과	렌	파	복	루	코	넛	실	구	고	가	일	체	비	숭	박	코
오	주	지	일	박	딸	분	란	보	도	망	사	동	장	키	워	참	자	아
딸	렌	숭	류	블	루	비	자	올	리	거	박	북	참	회	복	외	숭	파
바	기	아	리	두	과	파	파	복	마	파	살	주	천	자	분	복	숭	일
나	뭉	베	라	리	힐	천	도	숭	주	일	주	코	도	딸	도	바	아	애
자	루	수	벅	온	참	무	화	과	주	애	올	오	코	천	블	나	키	자
블	파	인	체	비	회	가	일	오	렌	주	리	무	화	넛	루	망	워	루

보기

과일	코코넛	키위	복분자	자몽
사과	복숭아	살구	딸기	오렌지
수박	체리	천도복숭아	블루베리	망고
파인애플	자두	무화과	올리브	파파야
바나나	참외	포도	두리안	석류

동	믈	거	돼	지	톡	끼	범	펜	귄	이	코	뿔	소	고	가	독	오	코
표	주	복	하	표	법	표	주	고	영	이	나	코	호	매	기	른	수	끼
토	키	이	이	펭	귀	니	오	호	거	린	치	끼	랑	주	고	습	도	리
두	치	갱	아	거	올	빼	미	랑	리	도	모	미	미	하	무	코	뿌	소
사	자	거	나	북	하	코	허	랑	습	표	하	이	이	나	악	아	동	올
호	랑	아	너	이	이	뿔	마	고	부	앙	악	타	조	아	돼	치	하	이
고	라	코	펭	귀	네	표	동	코	키	리	오	부	하	고	리	악	어	에
영	여	끼	캥	이	나	밤	물	수	주	원	주	엉	이	북	독	수	라	나
이	오	라	북	토	키	부	고	거	고	숭	어	아	에	이	원	도	끼	상
표	밤	거	차	사	저	앙	키	박	리	이	고	양	아	호	랑	미	오	아
보	코	카	구	고	래	이	리	이	모	자	부	엉	이	돼	미	조	펭	귄
하	나	악	코	풀	소	고	금	도	치	오	치	기	가	뇌	태	고	상	호
고	이	우	하	상	미	고	기	리	소	사	리	림	고	습	도	러	미	렁
습	조	에	미	나	어	해	태	하	마	코	끼	아	원	양	상	초	주	이
도	사	차	나	울	빼	미	돼	머	오	동	몰	표	밤	부	이	리	미	사
지	동	갱	거	루	소	리	캥	아	거	효	랑	이	사	가	고	영	아	차
코	울	호	랑	이	고	북	이	거	북	아	사	지	토	기	장	독	모	고
뿔	하	머	타	지	명	복	원	시	루	하	이	네	기	타	주	사	기	뿔
수	토	끼	고	습	두	지	사	라	호	링	이	오	소	리	애	리	린	소

보기

동물	호랑이	코끼리	부엉이	원숭이
고양이	표범	코뿔소	올빼미	캥거루
거북이	하이에나	하마	돼지	고래
고슴도치	기린	악어	독수리	상어
토끼	사자	펭귄	타조	오소리

숨은낱말찾기

해	김	춘	서	남	제	대	해	인	울	의	부	주	춘	남	어	편	택	항
구	인	양	이	귀	만	전	인	안	부	고	태	보	평	택	울	사	서	우
용	울	주	소	천	포	전	투	김	제	거	쿠	추	인	구	공	평	정	수
문	해	부	산	귀	사	광	시	해	운	울	서	구	조	융	귀	전	주	제
주	보	언	전	해	신	주	서	일	부	선	인	울	요	언	영	안	남	의
안	택	다	시	경	인	도	자	조	우	공	대	두	호	강	전	룽	상	아
부	구	등	친	부	시	호	두	찬	보	과	주	고	보	포	서	을	찬	사
도	천	해	인	선	횡	조	전	안	팡	수	구	편	자	루	항	인	주	문
마	귀	평	천	주	문	성	남	제	택	울	손	모	두	외	광	책	고	추
삼	포	서	상	산	의	천	산	라	양	광	울	산	안	춘	포	은	평	인
송	초	광	님	당	고	거	인	원	두	원	김	구	고	거	일	후	강	선
두	외	마	택	을	도	안	아	귀	시	건	우	도	조	두	귀	의	정	부
아	춘	강	릉	인	해	시	사	해	서	울	인	터	우	매	어	울	안	제
사	종	지	로	두	호	우	황	구	자	삼	제	만	녹	편	남	택	논	석
군	원	울	전	중	만	초	대	분	두	동	택	주	찬	신	미	양	상	문
수	전	고	양	인	답	가	송	마	소	양	동	량	정	주	릉	아	주	귀
남	해	조	릉	산	천	제	귀	도	일	산	귀	전	농	춘	천	한	강	해
온	새	우	장	두	구	안	인	양	고	거	역	복	정	남	인	잔	삼	남
춘	귀	범	동	부	대	학	울	하	고	덕	상	강	동	청	평	서	원	구

보기

도시	광주	강릉	남양주	평택
서울	수원	성남	천안	포항
부산	울산	동두천	전주	제주
인천	용인	부천	서귀포	춘천
대구	고양	대전	김해	의정부

위	최	훈	일	등	김	주	단	구	주	문	익	을	지	만	도	정	약	대
이	라	무	조	서	유	기	대	황	모	점	광	개	토	덕	왕	단	군	조
나	엘	리	선	익	신	을	지	조	대	초	영	도	전	율	고	세	조	양
대	조	주	동	문	점	지	황	광	영	신	자	임	당	보	장	고	보	주
정	명	몽	유	장	모	문	이	예	조	은	성	품	장	약	최	영	최	모
권	주	우	야	영	정	오	황	투	모	정	용	약	믄	익	점	심	무	선
율	장	영	고	실	을	장	고	보	정	몽	이	지	토	당	싱	그	장	도
계	주	호	박	율	무	광	토	약	용	어	사	영	임	황	사	이	방	버
벽	파	구	주	감	덕	계	어	우	리	신	보	사	장	조	이	다	왕	정
왕	강	감	김	주	아	보	최	무	순	과	신	감	영	은	혜	양	조	약
김	우	신	부	마	사	비	왕	이	선	공	부	김	설	우	리	율	우	용
선	정	주	식	지	황	정	모	시	평	간	계	찬	광	정	이	순	감	기
야	영	로	을	가	나	뭉	계	주	세	종	벽	정	개	토	박	신	강	머
이	사	부	최	지	을	주	신	사	성	품	감	몽	주	해	솔	혁	찬	어
강	장	찬	정	약	문	정	용	임	최	추	선	정	이	김	정	영	거	주
을	지	선	찬	식	율	덕	혁	익	당	감	이	몽	최	유	영	실	주	세
문	덕	감	이	모	부	정	신	황	장	주	오	주	모	민	소	인	을	지
율	강	정	덕	이	순	수	도	사	임	당	아	선	주	장	위	태	계	백
문	약	저	계	주	장	미	고	전	최	유	문	익	점	보	고	도	거	피

보기

위인	계백	강감찬	장영실	이순신
단군	김유신	최무선	을지문덕	권율
주몽	김부식	정몽주	신사임당	정약용
박혁거세	장보고	문익점	이황	정도전
이사부	대조영	최영	광개토	세종

06 숨은낱말찾기

N	S	H	T	M	A	W	C	M	J	V	R	N	S	M	A	N	D	B
B	G	S	A	S	Q	U	I	I	S	C	H	W	R	U	O	V	G	I
B	G	Q	R	I	P	T	T	D	O	O	A	I	E	S	M	U	I	N
O	C	H	O	O	R	R	A	E	A	T	A	L	M	T	Q	Z	T	J
E	R	H	B	S	E	E	X	H	N	C	E	L	F	A	H	R	Y	H
J	E	J	E	E	H	C	H	C	H	I	N	G	V	C	H	R	A	B
Q	W	W	A	E	N	O	R	G	R	Y	S	I	T	H	U	M	B	O
A	M	C	R	Q	K	D	U	E	A	T	H	N	O	E	A	S	H	Z
G	S	O	D	I	I	B	N	L	H	A	N	D	O	L	R	B	D	Y
P	F	V	G	W	S	M	R	N	D	J	R	E	T	B	N	O	W	W
T	S	I	X	P	Y	T	X	D	C	E	E	J	H	O	T	B	R	D
H	B	V	N	D	A	S	H	Q	D	Y	R	O	O	W	H	O	P	E
A	O	W	O	G	N	L	E	N	F	D	A	M	Z	J	H	T	S	G
D	U	B	U	I	E	O	W	T	H	N	L	C	A	L	I	O	R	R
M	E	R	K	L	Q	R	M	H	I	A	N	K	L	E	N	E	E	E
E	Y	E	L	A	S	H	W	I	P	I	E	V	E	W	G	C	T	T
G	N	A	C	H	V	C	D	Y	P	L	A	V	S	F	O	O	T	H
Z	Q	S	E	A	T	G	M	U	S	T	A	N	B	O	G	B	U	U
A	U	T	W	C	J	U	E	L	B	O	W	H	U	X	C	K	L	M

보기

BODY	HIP	BEARD	FINGER	CHIN
HAND	BREAST	CHEEK	NAIL	EYELASH
NOSE	HAIR	WRIST	ANKLE	SHOULDER
MOUTH	FOREHEAD	PALM	TOE	CALF
TOOTH	MUSTACHE	THUMB	ELBOW	FOOT

```
V E S W E A T E R P O T H A N O U I A
P O A O J A C K B G D S W E L F V G N
A G N F V S N E L H R C O S U I S E D
S G D T H E X C O V E R C O A T C T R
G E A E E U R L U T S L E E V E A T T
V A L U M D S O S H S C A R B B F S H
D X N W K E C K E P O T R E S R A W C
S U I T H S A V I F F H E A N E S E L
S H B T X C R M F R O W A V E S H K O
W H O K U L F U E E T H R E A D I J R
E L W E R O C U N J A C K S K I O L X
C A A O L Y K O A N X B D T E E N T K
R N S C A A T L S U N A H W R A N D D
Y D L C O T C Y K T R H P O S U I B Y
P O T H O J B E C O U U T P O C K E T
A J A C K E T R S O J M T V A D R A C
T H A B X T T E W V R A E E X R I R L
S W E L D T H A E E C O C R N H E E O
K C A R D I G A N R N C O L L A R L J
```

보기

CLOTHES	POCKET	SUIT	COTTON	COSTUME
APPAREL	COLLAR	VEST	SILK	SANDAL
FASHION	SKIRT	DRESS	THREAD	CUFF
JACKET	OVERCOAT	CARDIGAN	SNEAKER	SWEATER
BLOUSE	SCARF	SLEEVE	SHOELACE	HOODIE

숨은낱말찾기

S	P	I	Z	Z	A	O	N	I	J	F	B	E	E	F	C	H	I	K
A	M	U	S	T	K	E	T	A	S	F	E	P	O	R	T	G	A	P
N	P	E	X	K	P	S	T	E	A	V	P	Z	O	P	E	E	M	I
M	A	Y	O	F	E	S	P	E	R	X	E	E	N	Z	T	O	U	Z
N	O	O	D	L	E	T	U	A	O	Z	S	K	I	S	P	A	S	M
B	A	C	E	N	L	X	C	G	N	I	P	E	F	N	F	W	T	A
C	H	I	C	K	E	N	S	H	A	N	A	T	C	H	O	P	G	Y
O	K	E	T	M	K	D	L	N	U	R	G	S	A	N	O	N	H	O
N	O	Y	A	Y	E	L	N	K	S	P	H	K	E	T	D	O	E	P
I	N	E	P	E	T	O	N	I	O	N	E	P	I	Z	N	O	B	E
Z	T	C	G	S	Y	C	O	X	E	M	T	Z	Z	A	C	H	A	S
S	P	H	S	A	Q	H	A	C	O	U	T	P	E	S	T	E	C	A
P	I	I	M	L	R	O	I	Z	N	S	I	V	Q	H	I	C	O	N
E	Z	C	S	T	Z	L	N	O	O	T	Y	J	I	M	U	T	N	X
O	N	I	N	K	S	J	I	N	M	U	T	T	O	N	P	E	O	N
K	P	E	R	B	A	C	Q	C	D	L	P	E	P	P	E	R	O	K
E	F	O	O	S	A	N	D	W	I	C	H	Z	S	A	L	G	N	E
T	P	S	Y	S	T	E	C	H	I	C	L	Z	S	T	E	A	A	T
S	M	U	S	T	A	R	D	M	A	Y	O	A	X	M	U	T	T	R

FOOD	PEPPER	BEEF	PIZZA	STEAM
KETCHUP	SALT	PORK	SPAGHETTI	SLICE
MUSTARD	SUGAR	MUTTON	SANDWICH	CARVE
MAYONNAISE	GARLIC	BACON	STEAK	CHOP
VINEGAR	ONION	CHICKEN	NOODLE	PEEL

```
G C B G A R D E N C W U Q C H C E C C
A U R A B A T H Y L R I X O O E I L O
B R F R T A B L E O A L N N U I Y O N
U G F A M H B E C A T E V D L N N B D
I A O G A J R G A R E R Y D O E W U O
L R O E N C L O S E T E Z C C W L I M
D C H O S U K W O R N O L Y U N B L I
I H E A I R R D O M L A O T R U A M N
N A X I R T E R I O B T N B A T G I I
G I Z O L A R H O U S E H R G O C R U
I R O C R I C B A L M R D A A R H R M
Y D Q U M N N E R T I O N R T H I C T
G A R R M I R G R M N G V X O D M L A
R O O N B A T A R E I O A C T O N O B
B U I L R M P Q H C E I L T G A M B L
C E I L L A K C F R N U R S E R Y I A
X E E L F G T O P A G A R W A A L R T
R M A N S I O N C L O K I T S E T L A
O W E R K R H O U T A B L F L O O R R
```

R	E	C	T	A	F	P	E	N	T	A	K	C	O	R	A	M	O	S
H	E	R	E	G	P	I	R	A	M	Y	D	O	V	R	O	V	A	T
I	E	A	Y	T	R	I	A	N	G	L	E	N	A	L	A	S	H	S
S	H	A	P	E	T	E	Y	R	C	I	R	P	L	P	I	N	K	H
P	S	T	R	A	Y	L	E	P	E	T	H	R	B	L	U	N	G	A
U	R	Y	K	T	Q	A	L	N	I	C	A	L	T	H	E	A	E	E
R	A	C	J	X	C	L	P	B	T	T	T	C	O	N	T	B	P	R
B	L	U	E	R	O	I	E	L	S	Q	U	A	R	E	U	A	Y	E
I	B	B	N	K	L	T	R	A	R	S	T	L	N	J	P	N	R	C
P	R	E	C	K	O	R	H	C	G	P	R	I	N	G	K	G	A	T
O	U	S	H	A	R	I	E	R	L	H	I	P	B	A	L	L	E	A
P	Y	R	A	M	I	D	A	Q	Z	E	S	E	R	E	D	E	O	N
S	O	R	P	Y	E	L	R	L	I	R	F	D	O	T	K	E	N	D
Q	R	O	E	L	W	U	C	O	M	E	G	A	W	A	N	Y	E	O
A	A	W	B	O	E	R	E	C	T	A	T	A	N	N	A	R	E	P
R	G	N	L	D	O	Y	L	B	R	O	W	M	W	G	C	A	R	E
T	B	L	A	C	K	Y	E	L	O	N	A	L	L	O	R	O	N	K
D	E	G	R	E	A	M	E	U	A	R	E	K	I	E	T	A	N	F
Y	P	I	N	T	P	E	N	T	A	G	O	N	C	H	I	N	M	E

보기

COLOR	BLUE	SHAPE	RECTANGLE	HEART
RED	PURPLE	LINE	PENTAGON	SPHERE
ORANGE	PINK	DOT	CIRCLE	CONE
YELLOW	BROWN	TRIANGLE	OVAL	PYRAMID
GREEN	BLACK	SQUARE	STAR	CUBE

1

6	7	1	3	8	4	2	5	9
2	4	3	7	9	5	1	8	6
5	8	9	6	1	2	4	7	3
9	6	7	2	5	1	8	3	4
3	1	2	8	4	6	7	9	5
4	5	8	9	7	3	6	1	2
8	3	5	4	6	7	9	2	1
7	2	4	1	3	9	5	6	8
1	9	6	5	2	8	3	4	7

2

2	7	8	1	3	4	5	6	9
5	6	3	2	7	9	4	8	1
4	9	1	5	6	8	3	2	7
6	1	2	7	5	3	8	9	4
8	5	9	4	2	6	1	7	3
3	4	7	8	9	1	2	5	6
7	3	4	6	8	2	9	1	5
1	2	5	9	4	7	6	3	8
9	8	6	3	1	5	7	4	2

3

3	4	1	2	5	6	7	8	9
5	6	7	4	8	9	1	2	3
2	8	9	1	3	7	4	5	6
4	5	3	9	2	1	8	6	7
7	1	6	8	4	5	9	3	2
8	9	2	7	6	3	5	1	4
1	2	5	3	7	4	6	9	8
6	3	4	5	9	8	2	7	1
9	7	8	6	1	2	3	4	5

4

7	6	8	1	2	3	4	5	9
2	5	4	6	7	9	1	3	8
3	9	1	4	5	8	6	2	7
1	2	5	7	6	4	8	9	3
4	8	6	3	9	2	5	7	1
9	3	7	8	1	5	2	4	6
5	1	3	2	8	7	9	6	4
6	4	2	9	3	1	7	8	5
8	7	9	5	4	6	3	1	2

5

9	5	2	1	6	3	4	7	8
4	3	6	7	8	9	5	1	2
7	8	1	4	2	5	3	6	9
5	9	3	6	7	8	1	2	4
6	2	4	3	9	1	7	8	5
8	1	7	5	4	2	6	9	3
2	4	5	8	1	7	9	3	6
3	7	8	9	5	6	2	4	1
1	6	9	2	3	4	8	5	7

6

1	3	4	6	5	7	2	8	9
5	2	6	8	9	1	3	4	7
7	8	9	2	3	4	5	1	6
2	7	3	9	1	5	8	6	4
4	9	5	3	8	6	7	2	1
6	1	8	4	7	2	9	3	5
3	5	1	7	4	8	6	9	2
8	4	2	5	6	9	1	7	3
9	6	7	1	2	3	4	5	8

7

3	4	5	6	8	9	1	7	2
6	1	7	4	2	3	8	9	5
8	2	9	5	1	7	3	4	6
2	7	3	9	5	8	4	6	1
5	8	4	1	3	6	7	2	9
9	6	1	2	7	4	5	3	8
1	5	6	7	4	2	9	8	3
4	9	8	3	6	5	2	1	7
7	3	2	8	9	1	6	5	4

8

3	4	5	6	7	8	9	1	2
6	7	8	1	2	9	3	4	5
2	1	9	3	4	5	6	7	8
7	5	3	2	1	4	8	9	6
8	6	4	9	5	3	7	2	1
9	2	1	7	8	6	5	3	4
4	3	6	5	9	1	2	8	7
5	8	2	4	3	7	1	6	9
1	9	7	8	6	2	4	5	3

9

3	8	5	1	2	4	6	7	9
6	2	1	7	8	9	3	4	5
4	7	9	3	5	6	1	2	8
1	3	6	5	4	7	8	9	2
8	4	2	6	9	1	5	3	7
9	5	7	2	3	8	4	1	6
2	6	4	8	7	3	9	5	1
5	1	3	9	6	2	7	8	4
7	9	8	4	1	5	2	6	3

10

5	8	2	3	4	6	1	7	9
1	4	6	7	8	9	2	3	5
3	7	9	2	1	5	4	6	8
4	5	3	6	7	2	9	8	1
8	2	7	9	5	1	6	4	3
6	9	1	4	3	8	5	2	7
7	6	4	5	9	3	8	1	2
2	1	5	8	6	7	3	9	4
9	3	8	1	2	4	7	5	6

1

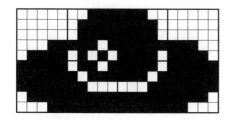

2

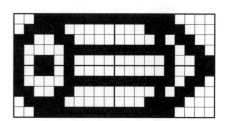

3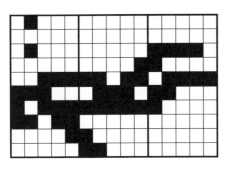

4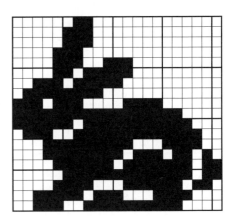

5

6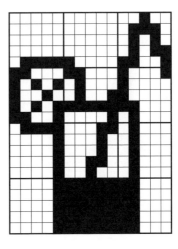

7

8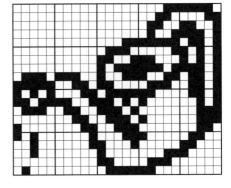

9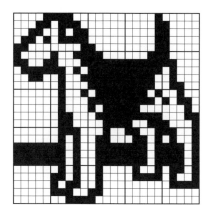

10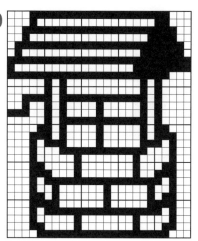

1

2+1=3 / +9= / 1	9-1=8 / ×9-2=7 / 7=1 / 5
1+6=7 / -1=	6-0=6 / +5=
8-5=3 / +9= / 1	7-5=2 / ×9-1=8 / 8=5 / 1
7-0=7	6+0=6

Column 1 equations:
2+1=3
+9=
1
1+6=7
-1=
8-5=3
+9=
1
7-0=7

Column 2 equations:
9-1=8
×9-2=7
7=1 5
6-0=6
+5=
7-5=2
×9-1=8
8=5 1
6+0=6

2

6+3=9
×6=3
2+5=1
9-2=7
×9=6
6+2=8
-1=
3-0=3
+1=
3+1=4
+9=1
8-5=3
8-1=7
×2=1
2-0=2
1+3=4

3

4×2=8
×9=3
7+2=9
=5
6+1=7
×2=1
6+0=6
+5=
4-0=4
+6=
4+5=9
×9=3
8-6=2
8-6=2
×9=1
6+1=7
6-5=1

4

5-0=5
×4=2
9-6=3
=4
9-2=7
×9=6
0+5=5
-3=
7-4=3
+1=
9-2=7
+2=1
7-2=5
=4
7-5=2
×8=1
8+1=9
5+1=6

5

```
6+2=8      4+5=9
×          ×
9    3+4=7 9
5    =2    6
           5
4+0=4      8-4=4
    +           +
    1           1
    =           =
9-1=8      7-5=2
+          +
8   2+3=5  8
1   =1     1
7-1=6      2×0=0
```

6

```
3+6=9      5-1=4
×          ×
8    5+4=9 6
2    =4    2
4+1=5      5-1=4
    +           -
    2           1
    =           =
6+3=9      9+0=9
+    ×          +
5    3+3=6 3
1    =2    5
1×7=7      4-2=2
```

7

```
3+1=4      8-6=2
+    ×     ×
9    6-4=2 9
1    =2    1
2+2=4      6+2=8
    +           +
    1           3
    =           =
3+3=6      8-5=3
+    ×     ×
8    9-2=7 6
1    =5    1
1×5=5      6+2=8
```

8

```
7-3=4      2+3=5
+    ×     ×
4    9×1=9 4
1    =3    2
1×6=6      8-8=0
    -           -
    6           3
    =           =
4-0=4      2+5=7
+    ×     ×
6    9×1=9 7
1    =3    4
0+6=6      1+8=9
```

9

```
8-3=5      7-3=4
+    ×     ×
3    9×1=9 3
1    =4    1
           6
1+4=5      3-1=2
    +           +
    3           1
    =           =
9-7=2      4×2=8
+    ×     ×
9    8-0=8 7
1    =1    1
           3
8-2=6      2+3=5
```

10

```
4+2=6      4+3=7
×          +
8    7+2=9 3
3    =4    1
2×1=2      6×0=0
    +           +
    1           2
    =           =
4×2=8      4×2=8
+    +     +
6    9-0=9 2
1    =1    1
0+7=7      3-3=0
```

1

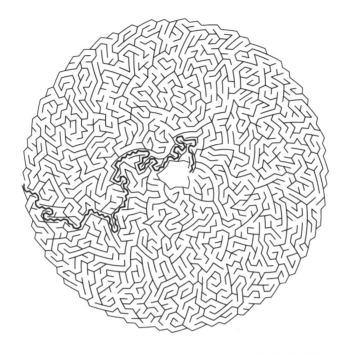

2

3

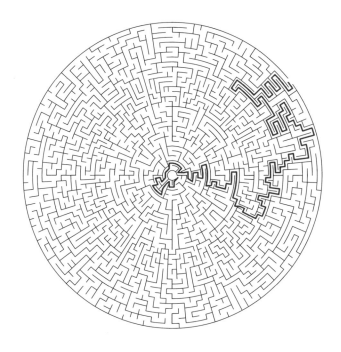

4

5

6

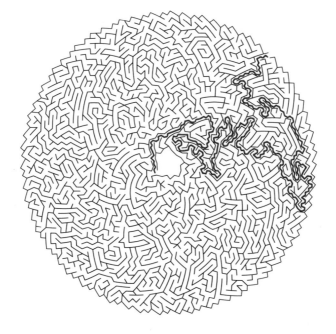

7

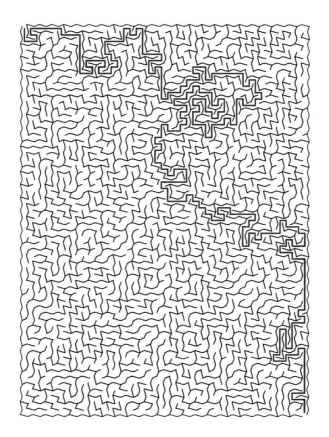

8

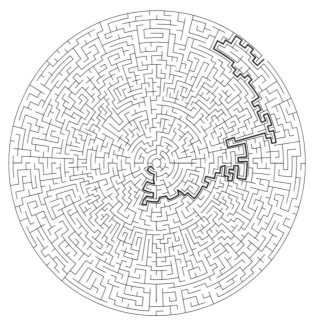

9

10

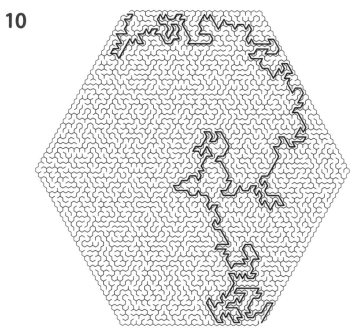

1

2
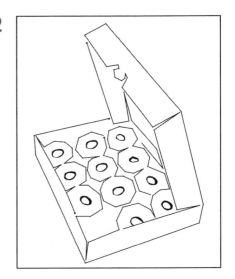

3

4
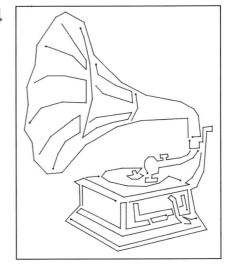

5

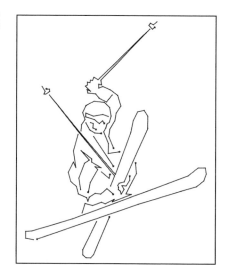

6

7

8

9

10

1

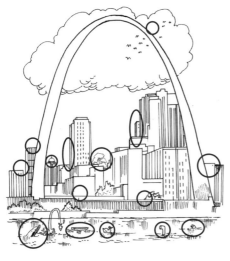

2

3

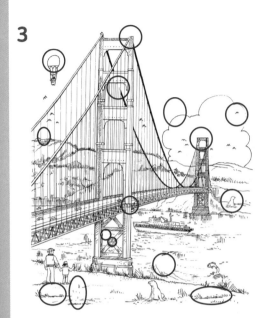

4

5

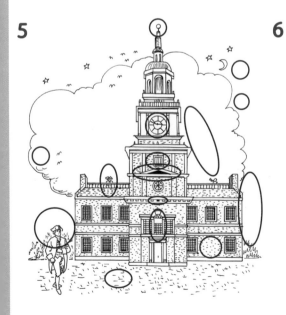

6

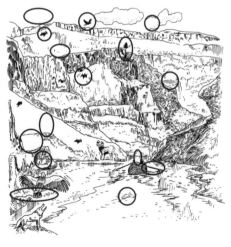

7

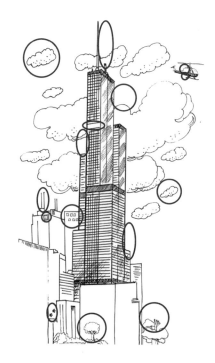

8

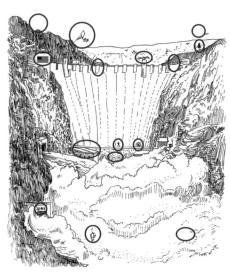

9

10

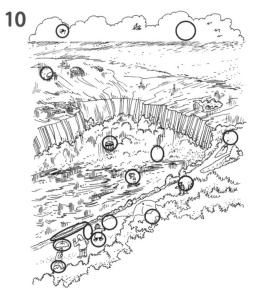

1

2

3

4

5

6

7

8

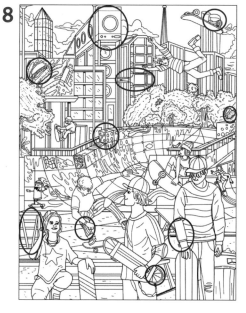

9

10

1 한국어

실	마	리		배	심	원	
	이		수		주	마	등
	동	귀	어	진		율		한
허	풍		영		엘		상	시
무		어	부	지	리		전	
맹			영		베		벽	안
랑	데	부		굳	이		해	
		스		터	울		상	
미	끄	럼	틀		분	위	기

2 한국어

풍	요		개		함	박	눈
	주	마	간	산		썰	
임	의			유		심	미	안
무			애	국	지	사		기
	차	용	증		구		송	부
	용		피	력		구	
오	금		모	험		방	영
만		귀		자	리		신	세
상	명	하	복		콜	론		척

3 한국어

빗			활	공		시	국	
금	지	옥	엽		백	야		몸
	고		수	뇌	부		공	소
	지	목		출		갱	생	
귀	순		혈	혈	단	신		백
감		해	안		행		방	년
	타	협		말	본	새		가
유	래		은	총		내	복	약
수		열	사		식	기		

4 한국어

노	심	초	사		꼭	두	새	벽
림		미		섭		문		창
수	전		차	렵	이	불		호
	도		일			출	납	
	유	토	피	아			본	의
관	망		일			이		태
심			노	스	탤	지	어	
사		편		다		릭		
	마	찬	가	지		체	지	방

5 한국어

	일		두	각		첨	성	대
돌	파	구		자	경	단		서
	만		별	도			함	양
초	파	일		생		유	흥	
가		자	꾸				차	
삼		리		단		유	사	시
간	혹		강	박	관	념		가
	한	계	점		용		동	지
오	기		기	반		결	의	

6 영어

		L			C		A	D	D	R	E	S	S	
	H	I	S	L	A	N	D		I				U	
	E	G	G		G		D	I	S	T	U	R	B	
	R		H		E				H				W	
C	O	T	T	O	N		B		H				A	
O					P	I	C	N	I	C			Y	
L		B		B		C			S		I			
L		B	A	T	T	E	R	Y		S	T	A	N	D
E				T		L		C		O		R		T
G	I	F	T			F	I	L	L		R		R	
E		L				E	N	V	Y		Y		O	
	B	E	E	F		V			A			A	D	
	A		A	R	E	A			P		G	L	U	E
B	A	S	I	C					C				C	
	T		T			C	U	S	T	O	M	E	R	

7 영어

8 영어

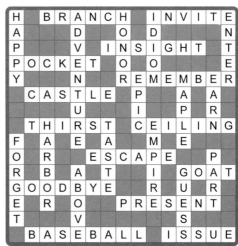

9 영어

10 영어

1 한국어

메	무	궁	백	일	촛	장	데	애	바	코	로	수	호	현	정	골	드	해
송	리	금	잔	동	불	극	히	절	죽	스	리	만	수	송	무	수	꼭	바
화	두	골	선	은	민	화	모	체	영	모	라	기	국	선	라	조	금	라
모	파	금	드	송	화	수	스	숭	홍	스	데	이	철	조	화	모	스	모
스	살	전	주	백	천	진	달	래	보	기	사	미	뚝	배	개	선	도	단
채	송	화	데	이	개	나	무	복	해	바	라	기	송	화	데	나	라	영
절	꿈	코	팬	금	화	진	하	리	백	일	촉	나	쟁	이	금	잔	리	나
쭉	리	모	치	잔	초	만	부	라	엘	바	라	기	마	소	미	자	도	자
서	하	화	고	수	장	달	금	코	모	고	미	세	라	장	고	로	두	철
열	리	백	복	화	개	나	잔	디	채	신	스	가	금	마	주	똥	호	션
모	란	나	리	콕	초	래	화	거	무	궁	화	데	잔	어	백	일	이	히
데	해	동	란	무	개	모	스	동	바	블	베	이	무	화	천	네	백	아
이	바	얼	원	메	나	영	조	백	꼭	거	난	팬	잔	미	카	송	일	선
월	라	모	레	리	팬	주	송	도	주	데	이	지	주	자	전	화	수	화
지	똑	스	무	지	주	꽃	화	백	일	유	주	김	곡	영	산	홍	낭	주
백	포	양	구	골	얼	보	부	도	애	자	히	개	나	꽁	수	금	코	모
천	일	수	복	란	나	다	골	네	션	자	양	아	무	궁	포	파	송	동
팬	치	홍	코	모	주	쭉	꽃	송	화	운	어	대	신	여	네	위	국	일
철	뚝	타	주	영	철	궁	백	성	금	영	블	박	북	스	소	시	화	송

2 한국어

키	워	주	위	망	숭	몽	코	나	사	가	자	파	바	나	코	넛	사	몽
오	박	키	수	빅	아	코	나	주	키	워	루	박	파	자	루	딸	박	두
렌	코	코	참	회	블	바	망	박	실	구	파	무	화	야	과	복	숭	리
지	코	넛	파	몽	루	석	전	넛	애	나	파	복	본	천	힐	참	망	안
파	천	도	주	인	베	가	도	복	숭	바	나	가	일	도	석	회	키	워
일	사	과	체	비	애	일	오	렌	살	나	자	사	박	파	인	바	나	석
애	딸	주	자	바	나	플	사	두	리	구	두	고	복	블	류	포	두	류
포	수	박	루	실	구	석	박	자	루	오	도	복	분	루	올	키	자	망
두	박	딸	복	본	자	일	포	두	외	렌	수	복	숭	아	리	몽	브	과
복	숭	가	일	올	리	몽	하	호	체	리	수	벅	래	오	고	리	무	힐
몽	망	석	무	화	바	나	파	인	애	파	블	루	코	코	올	자	화	딸
포	코	코	오	파	살	블	두	리	모	파	오	파	파	복	본	복	주	코
도	살	과	렌	파	복	루	코	넛	실	구	고	가	일	체	비	숭	박	코
오	주	지	일	박	딸	분	란	보	도	망	사	동	장	키	워	참	자	아
딸	렌	숭	류	블	루	비	자	올	리	거	박	북	참	회	복	외	숭	파
바	기	아	리	두	과	파	파	복	마	파	살	주	천	자	분	복	숭	일
나	뭉	베	라	리	힐	천	도	숭	주	일	주	코	도	딸	도	바	아	애
자	루	수	벅	온	참	무	화	과	주	애	올	오	코	천	블	나	키	자
블	파	인	체	비	회	가	일	오	렌	주	리	무	화	넛	루	망	워	루

3 한국어

동	믈	거	돼	지	톡	끼	범	펜	귄	이	코	뿔	소	고	가	독	오	코
표	주	복	하	표	법	표	주	고	영	이	나	코	호	매	기	른	수	끼
토	키	이	이	펭	귀	니	오	호	거	린	치	끼	랑	주	고	슴	도	리
두	치	갱	아	거	올	빼	미	랑	리	도	모	미	미	하	무	코	뿌	소
사	자	거	나	북	하	코	허	랑	습	표	하	이	이	나	악	아	동	올
호	랑	아	너	이	이	뿔	마	고	부	앙	악	타	조	아	돼	치	하	이
고	라	코	펭	귀	네	표	동	코	키	리	오	부	하	고	리	악	어	에
영	여	끼	캥	이	나	밤	물	수	주	원	주	엉	이	북	독	수	라	나
이	오	라	북	토	키	부	고	거	고	숭	어	아	에	이	원	도	끼	상
표	밤	거	차	사	저	앙	키	박	리	이	고	양	아	호	랑	미	오	아
보	코	카	구	고	래	이	리	이	모	자	부	엉	이	돼	미	조	펭	귄
하	나	악	코	풀	소	고	금	도	치	오	치	기	가	뇌	태	고	상	호
고	이	우	하	상	미	고	기	리	소	사	리	림	고	슴	도	러	미	렁
슴	조	에	미	나	어	해	태	하	마	코	끼	아	원	양	상	초	주	이
도	사	차	나	울	빼	미	돼	머	오	동	몰	표	밤	부	이	리	미	사
지	동	갱	거	루	소	리	캥	아	거	효	랑	이	사	가	고	영	아	차
코	울	호	랑	이	고	북	이	거	북	아	사	지	토	기	장	독	모	고
뿔	하	머	타	지	명	복	원	시	루	하	이	네	기	타	주	사	기	뿔
수	토	끼	고	슴	두	지	사	라	호	링	이	오	소	리	애	리	린	소

4 한국어

해	김	춘	서	남	제	대	해	인	울	의	부	주	춘	남	어	편	택	항
구	인	양	이	귀	만	전	인	안	부	고	태	보	평	택	울	사	서	우
용	울	주	소	천	포	전	투	김	제	거	쿠	추	인	구	공	평	정	수
문	해	부	산	귀	사	광	시	해	운	올	서	구	조	융	귀	전	주	제
주	보	언	전	해	신	주	서	일	부	선	인	울	요	언	영	안	남	의
안	택	다	시	경	인	도	자	조	우	공	대	두	호	강	전	룽	상	아
부	구	등	친	부	시	호	두	찬	보	과	주	고	보	포	서	을	찬	사
도	천	해	인	선	횡	조	전	안	팡	수	구	편	자	루	항	인	주	문
마	귀	평	천	주	문	성	남	제	택	울	손	모	두	외	광	책	고	추
삼	포	서	상	산	의	천	산	라	양	광	울	산	안	춘	포	은	평	인
송	초	광	님	당	고	거	인	원	두	원	김	구	고	거	일	후	강	선
두	외	마	택	을	도	안	아	귀	시	건	우	도	조	두	귀	의	정	부
아	춘	강	릉	인	해	시	사	해	서	올	인	터	우	매	어	울	안	제
사	종	지	로	두	호	우	황	구	자	삼	제	만	녹	편	남	택	논	석
군	원	울	전	중	만	초	대	분	두	동	택	주	찬	신	미	양	상	문
수	전	고	양	인	답	가	송	마	소	양	동	량	정	주	릉	아	주	귀
남	해	조	릉	산	천	제	귀	도	일	산	귀	전	농	춘	천	한	강	해
온	새	우	장	두	구	안	인	양	고	거	역	복	정	남	인	잔	삼	남
춘	귀	범	동	부	대	학	울	하	고	덕	상	강	동	청	평	서	원	구

5 한국어

위	최	훈	일	등	김	주	단	구	주	문	익	을	지	만	도	정	약	대
이	라	무	조	서	유	기	대	황	모	점	광	개	토	덕	왕	단	군	조
나	엘	리	선	익	신	을	지	조	대	초	영	도	전	율	고	세	조	양
대	조	주	동	문	점	지	황	광	영	신	자	임	당	보	장	고	보	주
정	명	몽	유	장	모	문	이	예	조	은	성	품	장	약	최	영	최	모
권	주	우	야	영	정	오	황	투	모	정	용	약	믄	익	점	심	무	선
율	장	영	고	실	을	장	고	보	정	몽	이	지	토	당	싱	그	장	도
계	주	호	박	율	무	광	토	약	용	어	사	영	임	황	사	이	방	버
벽	파	구	주	감	덕	계	어	우	리	신	보	사	장	조	이	다	왕	정
왕	강	감	김	주	아	보	최	무	순	과	신	감	영	은	혜	양	조	약
김	우	신	부	마	사	비	왕	이	선	공	부	김	설	우	리	율	우	용
선	정	주	식	지	황	정	모	시	평	간	계	찬	광	정	이	순	감	기
야	영	로	을	가	나	뭉	계	주	세	종	벽	정	개	토	박	신	강	머
이	사	부	최	지	을	주	신	사	성	품	감	몽	주	해	솔	혁	찬	어
강	장	찬	정	약	문	정	용	임	최	추	선	정	이	김	정	영	거	주
을	지	선	찬	식	율	덕	혁	익	당	감	이	몽	최	유	영	실	주	세
문	덕	감	이	모	부	정	신	황	장	주	오	주	모	민	소	인	을	지
율	강	정	덕	이	순	수	도	사	임	당	아	선	주	장	위	태	계	백
문	약	저	계	주	장	미	고	전	최	유	문	익	점	보	고	도	거	피

6 영어

N	S	H	T	M	A	W	C	M	J	V	R	N	S	M	A	N	D	B
B	G	S	A	S	Q	U	I	I	S	C	H	W	R	U	O	V	G	I
B	G	Q	R	I	P	T	T	D	O	O	A	I	E	S	M	U	I	N
O	C	H	O	O	R	R	A	E	A	T	A	L	M	T	Q	Z	T	J
E	R	H	B	S	E	E	X	H	N	C	E	L	F	A	H	R	Y	H
J	E	J	E	E	H	C	H	C	H	I	N	G	V	C	H	R	A	B
Q	W	W	A	E	N	O	R	G	R	Y	S	I	T	H	U	M	B	O
A	M	C	R	Q	K	D	U	E	A	T	H	N	O	E	A	S	H	Z
G	S	O	D	I	I	B	N	L	H	A	N	D	O	L	R	B	D	Y
P	F	V	G	W	S	M	R	N	D	J	R	E	T	B	N	O	W	W
T	S	I	X	P	Y	T	X	D	C	E	E	J	H	O	T	B	R	D
H	B	V	N	D	A	S	H	Q	D	Y	R	O	O	W	H	O	P	E
A	O	W	O	G	N	L	E	N	F	D	A	M	Z	J	H	T	S	G
D	U	B	U	I	E	O	W	T	H	N	L	C	A	L	I	O	R	R
M	E	R	K	L	Q	R	M	H	I	A	N	K	L	E	N	E	E	E
E	Y	E	L	A	S	H	W	I	P	I	E	V	E	W	G	C	T	T
G	N	A	C	H	V	C	D	Y	P	L	A	V	S	F	O	O	T	H
Z	Q	S	E	A	T	G	M	U	S	T	A	N	B	O	G	B	U	U
A	U	T	W	C	J	U	E	L	B	O	W	H	U	X	C	K	L	M

7 영어

```
V E S W E A T E R P O T H A N O U I A
P O A O J A C K B G D S W E L F V G N
A G N F V S N E L H R C O S U I S E D
S G D T H E X C O V E R C O A T C T R
G E A E E U R L U T S L E E V E A T T
V A L U M D S O S H S C A R B B F S H
D X N W K E C K E P O T R E S R A W C
S U I T H S A V I F F H E A N E S E L
S H B T X C R M F R O W A V E S H K O
W H O K U L F U E E T H R E A D I J R
E L W E R O C U N J A C K S K I O L X
C A A O L Y K O A N X B D T E E N T K
R N S C A A T L S U N A H W R A N D D
Y D L C O T C Y K T R H P O S U I B Y
P O T H O J B E C O U U T P O C K E T
A J A C K E T R S O J M T V A D R A C
T H A B X T T E W V R A E E X R I R L
S W E L D T H A E E C O C R N H E E O
K C A R D I G A N R N C O L L A R L J
```

8 영어

```
S P I Z Z A O N I J F B E E F C H I K
A M U S T K E T A S F E P O R T G A P
N P E X K P S T E A V P Z O P E E M I
M A Y O F E S P E R X E E N Z T O U Z
N O O D L E T U A O Z S K I S P A S M
B A C E N L X C G N I P E F N F W T A
C H I C K E N S H A N A T C H O P G Y
O K E T M K D L N U R G S A N O N H O
N O Y A Y E L N K S P H K E T D O E P
I N E P E T O N I O N E P I Z N O B E
Z T C G S Y C O X E M T Z Z A C H A S
S P H S A Q H A C O U T P E S T E C A
P I I M L R O I Z N S I V Q H I C O N
E Z C S T Z L N O O T Y J I M U T N X
O N I N K S J I N M U T T O N P E O N
K P E R B A C Q C D L P E P P E R O K
E F O O S A N D W I C H Z S A L G N E
T P S Y S T E C H I C L Z S T E A A T
S M U S T A R D M A Y O A X M U T T R
```

9 영어

```
G C B G A R D E N C W U Q C H C E C C
A U R A B A T H Y L R I X O O E I L O
B R F R T A B L E O A L N N U I Y O N
U G F A M H B E C A T E V D L N N B D
I A O G A J R G A R E R Y D O E W U O
L R O E N C L O S E T E Z C C W L I M
D C H O S U K W O R N O L Y U N B L I
I H E A I R R D O M L A O T R U A M N
N A X I R T E R I O B T N B A T G I I
G I Z O L A R H O U S E H R G O C R U
I R O C R I C B A L M R D A A R H R M
Y D Q U M N N E R T I O N R T H I C T
G A R R M I R G R M N G V X O D M L A
R O O N B A T A R E I O A C T O N O B
B U I L R M P Q H C E I L T G A M B L
C E I L L A K C F R N U R S E R Y I A
X E E L F G T O P A G A R W A A L R T
R M A N S I O N C L O K I T S E T L A
O W E R K R H O U T A B L F L O O R R
```

10 영어

```
R E C T A F P E N T A K C O R A M O S
H E R E G P I R A M Y D O V R O V A T
I E A Y T R I A N G L E N A L A S H S
S H A P E T E Y R C I R P L P I N K H
P S T R A Y L E P E T H R B L U N G A
U R Y K T Q A L N I C A L T H E A E E
R A C J X C L P B T T T C O N T B P R
B L U E R O I E L S Q U A R E U A Y E
I B B N K L T R A R S T L N J P N R C
P R E C K O R H C G P R I N G K G A T
O U S H A R I E R L H I P B A L L E A
P Y R A M I D A Q Z E S E R E D E O N
S O R P Y E L R L I R F D O T K E N D
Q R O E L W U C O M E G A W A N Y E O
A A W B O E R E C T A T A N N A R E P
R G N L D O Y L B R O W M W G C A R E
T B L A C K Y E L O N A L L O R O N K
D E G R E A M E U A R E K I E T A N F
Y P I N T P E N T A G O N C H I N M E
```